Christoph Spöcker

ABBA

50 JAHRE POPGESCHICHTE

Christoph Spöcker

ABBA

50 JAHRE POPGESCHICHTE

Ihre Erfolge. Ihre Krisen. Ihr Comeback

riva

Bibliografische Information der Deutschen Nationalbibliothek
Die Deutsche Nationalbibliothek verzeichnet diese Publikation in der Deutschen Nationalbibliografie. Detaillierte bibliografische Daten sind im Internet über https://dnb.de abrufbar.

Für Fragen und Anregungen
info@m-vg.de

Wichtiger Hinweis
Ausschließlich zum Zweck der besseren Lesbarkeit wurde auf eine genderspezifische Schreibweise sowie eine Mehrfachbezeichnung verzichtet. Alle personenbezogenen Bezeichnungen sind somit geschlechtsneutral zu verstehen.

Originalausgabe
2. Auflage 2024

Türkenstraße 89
80799 München
Tel.: 089 651285-0

Umschlaggestaltung: Manuela Amode
Umschlagabbildung: picture alliance/DALLE APRF
Satz: abavo GmbH, Buchloe
Druck: GGP Media GmbH, Pößneck
Printed in Germany

ISBN Print 978-3-7423-2132-9
ISBN E-Book (PDF) 978-3-7453-1906-4
ISBN E-Book (EPUB, Mobi) 978-3-7453-1907-1

Wir produzieren nachhaltig
www.m-vg.de

Weitere Informationen zum Verlag finden Sie unter
www.rivaverlag.de
Beachten Sie auch unsere weiteren Verlage unter www.m-vg.de

INHALT

VORWORT

Seit Anbeginn der Popmusik geben vor allem Großbritannien und die Vereinigten Staaten in diesem Genre den Ton an. In den 1960er Jahren verkörpern die Beatles ohne Zweifel den Hochadel der internationalen Musikszene. In den 1980er-Jahren übernimmt Michael Jackson, der *King of Pop,* das Zepter.

Doch in den Jahren zwischen diesen beiden Musikgrößen gibt es trotz einiger Hochs und Tiefs weltweit nur eine Band, die souverän über die gesamte Popszene herrscht: Das schwedische Musikphänomen ABBA.

In den 1970er-Jahren sind Agnetha Fältskog, Benny Andersson, Björn Ulvaeus und Anni-Frid Lyngstad die unangefochtenen Könige des Genres. Und das obwohl sie aus dem beschaulichen Schweden stammen – ein Land, das in der Welt der international erfolgreichen Popmusik bis dahin noch keine tragende Rolle spielt.

Selbst die Bandmitglieder zeigen sich bis heute immer wieder verwundert darüber, wie eine unbekannte Gruppe aus dem kleinen Schweden solch große Wellen schlagen konnte. Die Erklärung dafür ist jedoch schnell gefunden: In einer Zeit, die von atomarem Wettrüsten, Kaltem Krieg und einer starken Politisierung der Musikszene geprägt scheint, taucht mit ABBA ein mehr als willkommener Gegenpol zur ansonsten weitverbreiteten Ernsthaftigkeit vieler Musiker auf. Die vier Schweden treten in bunten, glitzernden Kostümen auf, verzücken mit wundervollen Melodien und verzichten ganz bewusst auf schwer verdauliche politische Inhalte. Stattdessen singen sie über alltägliche Themen wie Liebe und Trennung, die so gut wie jeder ihrer Fans aus eigener Erfahrung kennt.

Obwohl die Band vielfach für ihre scheinbare Oberflächlichkeit kritisiert wird, fehlt ABBA dabei keineswegs der Tiefgang. Ein weiterer Erfolgsfaktor steckt ganz offensichtlich darin, dass mit Frida und Benny sowie Agnetha und Björn zwei Liebespaare auf der Bühne stehen. Diese Besonderheit lässt die schwedischen Superstars in den Augen ihrer Fans ungewöhnlich nahbar erscheinen und verleiht dem »ABBA-Gefühl« eine ganz besondere Romantik. Davon einmal abgesehen erfreuen die vier Musiker die Welt mit einzigartiger Tanzmusik, die sowohl jede Menge Spaß macht als auch zu Tränen rührt.

Musikalisch entwickeln sich die vier im Laufe ihrer Karriere nach und nach vom Rohdiamanten zum unbezahlbaren, perfekt geschliffenen Kronjuwel. Mit insgesamt neun Studioalben und mehreren Greatest-Hits-Kompilationen nehmen sie die Zuhörer mit auf eine musikalische Entdeckungsreise, die auch stark von ihrer persönlichen Weiterentwicklung geprägt ist.

Als ABBA sich nach acht Jahren schließlich trennen, sieht es zwar so aus, als würde die Geschichte der schwedischen Ausnahmeband viel zu früh enden. Doch mit der Ankündigung ihres Comebacks zeichnet sich ein Hoffnungsschimmer am Horizont ab, der letztlich doch noch auf ein Happy End hoffen lässt.

DIE ERSTE GITARRE (BJÖRN)

Es sind die 1950er-Jahre und eine Skiffle-Welle brandet über Europa hinweg. Vor allem bei der jungen Bevölkerung Großbritanniens findet dieser neue Musikstil mit Elementen aus Blues und Boogie-Woogie eine begeisterte Fangemeinde. Zwar dauert es noch ein wenig, bis die Welle Skandinavien erreicht, doch als sie eines Tages auch den jungen Björn Ulvaeus in der schwedischen Kleinstadt Västervik erfasst, reißt sie ihn sofort mit sich.

Zum ersten Mal hört Björn aus dem Munde seines Cousins Joen von dieser aufregenden neuen Musikrichtung. Der ein Jahr ältere Joen hat den Sommer in England verbracht und kehrt mit einem Enthusiasmus von dort zurück, dem sich Björn nicht entziehen kann. Viel zu aufregend klingen die Erzählungen von Pubs voller tanzender junger Leute. Noch faszinierender scheint jedoch, dass den neuen Musikstil einfach jeder spielen kann.

Für Joen liegt der Entschluss daher auf der Hand: Er möchte umgehend selbst eine Skiffle-Band auf die Beine stellen. Dafür braucht er Björn. Und Björn braucht so schnell wie möglich eine Gitarre. Also fragt der damals 12-Jährige seine Eltern – und siehe da: Sie erfüllen ihm seinen Wunsch.

Wie das aber manchmal so ist, befriedigt das von den Eltern gekaufte Instrument die hohen Ansprüche des Filius nicht wirklich. Die Musik hat ihn längst in ihren Bann gezogen, einzig die Töne, die da aus seiner akustischen Gitarre kommen, wollen nicht so ganz zu den fetzigen Klängen passen, die Joen seinem Instrument entlockt.

Für Björn steht daher fest: Er braucht eine andere Gitarre, und zwar so eine wie sein Cousin. Stellt sich nur die Frage, woher er das Geld für das Objekt seiner Begierde nehmen soll. Zum Glück ist die Antwort auch diesmal leicht gefunden, wenn auch nicht ganz so leicht wie beim ersten Mal. Björns zweite Gitarre ist kein Geschenk, er muss sie sich selber verdienen. Einen ganzen Sommer lange schuftet der kleine Björn in der Papiermühle seines Onkels, wo auch sein Vater arbeitet. Als er schließlich genügend Kronen beisammenhat, fährt er mit Thore, einem Freund der Familie, nach Göteborg und kauft dort die lang ersehnte Gitarre. Auf der Heimfahrt machen die beiden einen Schnappschuss, auf dem der stolze Björn mit seinem schicken Instrument zu sehen ist. Auf seinen Lippen liegt ein seliges Lächeln, die Finger der linken Hand umschließen gekonnt den Gitarrenhals.

Es sieht ganz so aus, als könnte der großen Musikkarriere des kleinen Jungen nichts mehr im Wege stehen. Doch hätte ihm damals jemand prophezeit, welche schwindelerregenden Popmusik-Höhen er als Erwachsener erreichen würde, er hätte es vermutlich selbst nicht geglaubt.

AKKORDEON UND PIANO (BENNY)

Göran Bror Benny Andersson oder eben Benny ist zwar gut eineinhalb Jahre jünger als sein späterer Freund Björn Ulvaeus, dafür betritt er die musikalische Bühne schon deutlich früher. Sowohl sein Vater Gösta Andersson als auch sein Großvater sind begeisterte Akkordeonspieler und auch Benny entdeckt schon bald seine Liebe zu diesem besonderen Musikinstrument.

Den nötigen Musikunterricht bekommt er gleich zu Hause, zu seinem sechsten Geburtstag darf er sich über sein erstes eigenes Akkordeon freuen. Bennys musikalisches Talent fällt schnell auf und bereits nach kurzer Zeit spielt er mit Vater und Großvater bei ersten kleinen Auftritten. Unter dem wegweisenden Namen Benny's Trio geben sie traditionelle schwedische Volksmusik und Schlager zum Besten.

Vier Jahre später – Benny ist inzwischen zehn – bekommt der Nachwuchsmusiker dann sein erstes Klavier. Zum Einstieg nimmt er ein paar Stunden Unterricht, verlässt sich aber schnell ganz auf seine einzigartige Begabung und bringt sich selbst das Spielen bei. Schon bald sind ihm die klassischen Stücke nicht mehr aufregend genug und er fängt an, inspiriert von Elvis Presley und der italienischen Schlagersängerin Caterina Valente eigene Lieder zu komponieren. So schreibt er schon als Schüler seine ersten Songs.

Bald ist er mit seiner Freundin Christina Grönwall Teil der Gruppe Elverkets Spelmanslag, auch bekannt als The Electricity Board Folk Music Group. Mit dieser Jugendband tritt Andersson in diversen Jugendclubs und im Frühjahr 1964 sogar bei einem Talentwettbewerb auf. Dort begegnet er Svenne Hedlund, dem Sänger der Band The Hep Stars.

Die beiden kommen ins Gespräch, und es zeigt sich, dass Bennys Orgelspiel genau nach Hedlunds Geschmack ist. Passenderweise suchen The Hep Stars auch noch einen Keyboarder und finden in Benny Andersson das perfekte neue Bandmitglied.

Die Schule hat er bereits mit 15 beendet, und so widmet sich Benny nunmehr 18-jährig vollauf seiner Musikkarriere. The Hep Stars gelingt im Jahr darauf der musikalische Durchbruch und die Band wird schon bald als »die schwedischen Beatles« gefeiert. Hedlund avanciert zu Schwedens erstem Popstar, und Benny Andersson wird nicht nur zum festen Bestandteil der Rockband, sondern obendrein auch noch zum männlichen Teenie-Idol in seinem Heimatland.

EINE ECHTE PRINZESSIN (ANNI-FRID)

Auch wenn ihr Leben alles andere als fürstlich beginnt, so scheint es doch unweigerlich durchzogen von märchenhaften Elementen. Ganz im Gegensatz zu den bürgerlichen Verhältnissen, in denen Benny und Björn aufwachsen, bekommt Anni-Frid Lyngstad, besser bekannt als Frida, schon früh die harten Seiten des Lebens zu spüren.

Das Jahr ihrer Geburt markiert gleichzeitig auch das Ende des Zweiten Weltkriegs und ihr Vater, der Wehrmachtssoldat Alfred Haase, verlässt Fridas Mutter Synni Lyngstad zusammen mit den restlichen deutschen Truppen. Somit bleibt Synni allein mit einem Baby in Norwegen zurück. Synni fürchtet sich allerdings vor der Wut ihrer Nachbarn, weil sie sich mit einem deutschen Soldaten eingelassen hat, und schickt die kleine Frida 1947 zusammen mit ihrer Großmutter Anni nach Schweden. Eine Zeit lang arbeitet Synni noch in Norwegen und Anni hält sich und Frida mit allerlei Gelegenheitsjobs über Wasser.

Als Fridas Mutter dann endlich zu ihnen stößt, ziehen die drei nach Malmköping in der Nähe von Stockholm. Doch um Synnis Gesundheit steht es nicht gut: Fridas Mutter stirbt mit gerade einmal 21 Jahren an Nierenversagen. Frida ist noch keine zwei Jahre alt und wird fortan von ihrer Großmutter aufgezogen.

Ebendiese Großmutter ist es, der Frida ihre Liebe zur Musik verdankt. Anni singt ihrer Enkelin gerne alte norwegische Lieder vor und auch in Frida zeigt sich sehr früh ein musikalisches Talent. Schon in der Grundschule wird sie freitags immer wieder gebeten, ihren Mitschülern etwas vorzusingen. Im Alter von 13 singt sie bereits Schlager in einem Orchester, dessen Leiter Evald Ek das große Gesangstalent sofort erkennt und begeistert zu fördern beginnt. Von da an tritt Frida regelmäßig mit dem Orchester auf und verzückt das tanzende Publikum. Der nächste Schritt führt sie zu Bengt Sandlunds BigBand und sie wechselt von Schlager zu Jazz. Das Gunnar Sandevärn Trio und ihre eigene Band mit dem Namen Anni-Frid Four sind zwei weitere Stationen auf Fridas Weg zum Erfolg.

1967, Frida ist inzwischen 21, erreicht sie mit ihrem Sieg beim Talentwettbewerb »New Faces« nationale Bekanntheit. Mit ihrem Song »En ledig dag« (»Ein freier Tag«) schüttelt sie die Konkurrenz locker ab und sichert sich den ersten Preis in Form eines Plattenvertrags mit dem schwedischen Ableger von EMI Records.

Von da an geht es steil bergauf für Frida. Auf den Erfolg beim Talentwettbewerb folgen die ersten Studioaufnahmen und mehrere Fernsehauftritte. 1969 tritt sie beim Melodienfestival, dem schwedischen Vorentscheid für den Eurovision Song Contest, auf und belegt den vierten Platz. Eine beachtliche Leistung und dennoch nur ein winzig kleiner Vorgeschmack auf den Welterfolg, der noch vor ihr liegt.

Doch nicht nur musikalisch betrachtet zieht sich die Handschrift eines Märchenerzählers durch Fridas Leben. Auch ihr Liebesleben hört sich fast ein wenig nach Aschenputtel an. Nach zwei geschiedenen Ehen heiratet sie 1982 tatsächlich einen waschechten Prinzen und trägt von da an selbst den Titel einer Prinzessin. Bevor es so weit ist, wartet jedoch noch eine mehr als märchenhafte Karriere als internationaler Superstar auf das einstmals arme Mädchen aus der norwegischen Provinz.

EINE STIMME WIE EIN ENGEL (AGNETHA)

Die junge Agnetha Fältskog sieht mit ihrem langen blonden Haar nicht nur aus wie die sprichwörtliche Bilderbuchschwedin, sie wächst wie die anderen drei Gründungsmitglieder von ABBA inmitten von Gesang und Musik auf. Bereits mit 17 landet die hübsche Sängerin mit der Nummer »Jag var så kär« (»Ich war so verliebt«) ihren ersten Hit, den sie obendrein auch noch selbst komponiert hat.

Wie Benny Andersson entdeckt Agnetha ihre Liebe zur Musik bereits in früher Kindheit und schreibt im zarten Alter von sechs Jahren ihre ersten eigenen Lieder. Genau wie Frida steht sie schon mit 13 zum ersten Mal im Rampenlicht, damals noch mit dem Trio The Cambers. Was Agnethas schulischen Ehrgeiz betrifft, zeichnen sich erneut deutliche Parallelen zum späteren Bandmitglied Benny ab. Sie ist zwar ein paar Jahre jünger als Andersson, beendet die Schule aber ebenfalls mit 15, um sich voll und ganz der Musik zu widmen.

Ein Jahr später bekommt sie eine Chance als Sängerin einer Tanzgruppe mit dem Namen Bernt Enghardts Orkester. Kurioserweise tritt sie dort in die Fußstapfen einer Namensvetterin – Agneta Dasilva, die ehemalige Frontfrau des Orchesters. Neben ihrem neuen Engagement bleibt Agnetha dem Komponieren treu. Sie schreibt das oben erwähnte Lied »Jag var så kär« und singt es schon bald in Begleitung ihres Orchesters. Es folgen ein Demotape, ein Plattenvertrag und schließlich im Januar 1968 ein TV-Auftritt, mit dem ihr der landesweite Durchbruch gelingt. Ihre Single »Jag var så kär« erreicht in den Wochen danach Platz eins der schwedischen Hitparade, und spätestens jetzt kennt jeder in Schweden die strahlend blonde Sängerin.

Und nicht nur die Fans lieben Agnetha, auch ihr Label hat das unglaubliche Potenzial des Ausnahmetalents erkannt. Schon bald startet Agnetha solo durch. In Berlin nimmt sie mit dem Produzenten und Komponisten Dieter Zimmermann sogar ein paar Lieder auf Deutsch auf, doch der internationale Erfolg soll vorerst noch ein wenig auf sich warten lassen. Dessen ungeachtet gibt Agnetha Livekonzerte und nimmt ihr Debütalbum auf. Insgesamt bringt es die Sängerin trotz ihres immer noch sehr jungen Alters während der Solokarriere in ihrer Heimat auf sieben Nummer-eins-Hits. Zudem ergattert sie die Rolle der Maria Magdalena in der schwedischen Version von Andrew Lloyd Webbers Musical *Jesus Christ Superstar*. Auf Tour kommt es schließlich zur Verlobung mit Dieter Zimmermann. Die hält jedoch nicht lange, und das ist rückblickend wohl auch gut so. Denn da gibt es ja noch diesen Gitarristen namens Björn Ulvaeus, dem die einzigartige Ausstrahlung der attraktiven Agnetha keineswegs verborgen bleibt.

THE HEP STARS

Benny avanciert in seiner Zeit als Keyboarder bei The Hep Stars nicht nur zum Teenieschwarm, er trägt mit seinen Qualitäten als Songwriter auch ganz entscheidend zum Erfolg der schwedischen Rock 'n' Roller bei. Ursprünglich noch eine Coverband, landen The Hep Stars 1965 mit ihrer Version des Titels »Cadillac« von Vince Taylor in Schweden einen großen Hit. Als wäre das noch nicht genug, stehen sie im selben Jahr mit insgesamt drei ihrer Songs in den Top Ten.

Dank Bennys Kreativität können sie jedoch schon bald mit den ersten Eigenkreationen aufwarten und legen die Messlatte damit ein ordentliches Stück nach oben. Bisher haben die meisten schwedischen Bands ausschließlich Coverversionen meist britischer Songs gesungen. Und jetzt taucht auf einmal dieser Keyboarder mit Pilzfrisur auf der Bildfläche auf und revolutioniert mit seiner Kompositionslust mehr oder weniger über Nacht die gesamte Musikszene des größten Lands Skandinaviens.

Die erste Nummer aus Bennys Feder trägt den Namen »No Response« und landet auf Platz zwei der schwedischen Singlecharts. Mit »Sunny Girl« setzen The Hep Stars und ihr Songwriter Benny 1966 noch einen drauf und erobern die Spitze der nationalen Hitparade. Die Titel »Wedding« und »Consolation« knüpfen bald darauf nahtlos an den Erfolg an und landen ebenfalls auf Platz eins. Obwohl The Hep Stars damals mit Abstand die größte schwedische Band sind, zeichnet sich bereits ab, dass der talentierte Keyboarder mit dem freundlichen Lächeln früher oder später eine Nummer zu groß für die nationale Musikszene werden wird.

Da trifft es sich gut, dass Benny im Sommer 1966 auf Tournee dem Gitarristen Björn Ulvaeus begegnet. Die beiden Musiker verstehen sich auf Anhieb. Ihre Liebe zur Musik und die Leidenschaft fürs Komponieren schaffen von Beginn an eine starke Verbindung. So entsteht nicht nur eine tiefe Freundschaft, die bis zum heutigen Tag anhält, sondern auch ein Songwriter-Duo, das schon bald das internationale Musikgeschäft gewaltig auf den Kopf stellen wird. Bis es so weit ist, fehlen den beiden allerdings noch zwei ganz entscheidende »Zutaten«. Doch das hält Björn und Benny nicht davon ab, von den Klängen der Beach Boys und des Kingston Trio inspiriert schon mal probeweise die ersten gemeinsamen Songs zu schreiben.

HOOTENANNY SINGERS

Während Benny bereits mit Rock 'n' Roll auf Englisch eine ganz neue Richtung einschlägt, bleibt Björn Ulvaeus vorerst noch der traditionellen schwedischen Musik treu. Als Gitarrist und Sänger der Folkband The Hootenanny Singers genießt auch Björn schon früh landesweite Bekanntheit und beachtlichen musikalischen Erfolg.

Im Gegensatz zu den neumodischen Hep-Stars-Klängen spielen The Hootenanny Singers allerdings hauptsächlich Schlager, und das meist noch auf Schwedisch. Auch das Image der beiden Bands könnte kaum gegenteiliger sein. Da sind auf der einen Seite diese wilden Rock 'n' Roller um Andersson und Hedlund, auf der anderen Seite trällern die braven Volksmusiker um Ulvaeus liebliche Songs wie »Den sköna Helen« oder »Marianne«. Ihre Musik ist geprägt von akustischen Gitarren und harmonischen Melodien.

Natürlich erliegen auch Ulvaeus und Co. wie alle ambitionierten Musiker der 1960er-Jahre der Faszination der Beatles und lassen sich von ihnen inspirieren. Diese Briten mit ihren unverwechselbaren Frisuren sind die Musiksensation schlechthin und erobern nicht nur die Herzen ihrer Fans im Sturm, sie heben auch Björn glatt aus den Schuhen. Als er zum allerersten Mal »She Loves You« hört, ist er regelrecht von Ehrfurcht ergriffen. Es ist ihm ein einziges Rätsel, wie diese Engländer dazu in der Lage sind, derartig bahnbrechende Musik zu erschaffen, weshalb er ihnen kurzum den Status von Göttern verleiht.

Gleichzeitig öffnen ihm die Beatles aber auch die Augen wie niemand zuvor. Wie bereits erwähnt spielen die damaligen Folkbands hauptsächlich die Lieder anderer Künstler. Die Beatles jedoch brechen mit dieser Tradition und erreichen mit ihren neuen, originellen Songs ein bis dato ungeahntes musikalisches Niveau. Genau das will Björn auch. Er drückt sich zwar ein bisschen vorsichtiger aus, doch allmählich nimmt eine fast schon unerhörte Idee immer konkretere Formen an. Götter hin oder her, wenn die Beatles mit ihren Kompositionen derartige Erfolge feiern können, dann können das die Hootenanny Singers möglicherweise auch.

Trotz aller Bemühungen und einiger Songs auf Deutsch, Italienisch und Englisch schafft es Björns Folkband jedoch nicht so recht auf das internationale Parkett. Die Zeit dafür scheint einfach noch nicht reif. Als er und Benny Andersson schließlich 1966 Freunde werden, ist es wie ein weiteres Puzzlestück, das genau zum richtigen Zeitpunkt an seinen Platz fällt.

NORDISCHE MAGIE

Jedem Anfang wohnt ein Zauber inne. So sagte es einst der große deutsche Literat und Nobelpreisträger Hermann Hesse. Und auch zwischen den vier Ausnahmemusikern, die die Welt schon bald unter dem Namen ABBA erobern werden, ist von Beginn an eine ganz besondere Art der Magie zu spüren.

Agnetha und Björn begegnen sich bereits 1968 während einer Schlagersendung im schwedischen Fernsehen. Die TV-Bilder zeigen Agnetha in der Uniform einer Kampfpilotin zusammen mit einigen Offizieren der schwedischen Luftwaffe.

Frida und Benny hingegen treffen sich im Frühjahr 1969 beim Vorentscheid des Eurovision Song Contest zum ersten Mal – Frida tritt als Sängerin auf, Benny als Komponist. Den Reizen der schönen Sängerinnen können sich Björn und Benny ebenso wenig entziehen wie der Rest des Landes. Zum Glück beruht die Anziehungskraft in beiden Fällen auf Gegenseitigkeit und die Funken beginnen zu fliegen.

In den folgenden Wochen und Monaten entwickelt sich fast so etwas wie ein romantisches Wettrennen. Agnetha und Björn mögen sich schon etwas länger als die beiden anderen kennen, dafür kommen Frida und Benny nur kurze Zeit nach dem ESC als Paar zusammen. Ungeachtet der unterschiedlichen Musikstile der beiden – Frida singt Jazz, Benny spielt

Rock 'n' Roll – verloben sie sich noch im selben Jahr. Björn und Agnetha lassen sich anfangs zwar etwas mehr Zeit, dafür machen sie bereits ein gutes Jahr nach ihrer Verlobung Nägel mit Köpfen und treten im Juli 1971 gemeinsam vor den Traualtar. In Fridas und Bennys Fall vergehen zwischen Verlobung und Hochzeit allerdings weitere neun Jahre, geprägt von zahlreichen Rekorden und Meilensteinen.

Gegen Anfang des neuen Jahrzehnts wollen sich die vier aber noch auf ihre Soloprojekte konzentrieren. Auch wenn Benny und Björn bereits gemeinsame Songs schreiben und im Hintergrund einen wichtigen Beitrag für die Soloalben ihrer jeweiligen Herzensdame leisten, scheinen sie noch weit von der Idee entfernt, zusammen eine Popband zu gründen. Sie sind verliebt und genießen die Nähe ihrer neuen Partner. Gleichzeitig bringen sie den kreativen Prozess im Studio zusammen voran.

Glücklicherweise stimmt die Chemie nicht nur zwischen den beiden Paaren, es entsteht auch eine echte Freundschaft zwischen den vier Musikern. So kommt es während eines gemeinsamen Urlaubs auf der schönen Insel Zypern gewissermaßen zu ihrem ersten Liveauftritt. Der Urlaub findet im Rahmen eines Werbevertrags mit dem schwedischen Reiseveranstalter Fritidsresor statt. Teil des Vertrags ist ein etwa halbstündiges Konzert vor einem Publikum aus UN-Soldaten, die auf der Insel stationiert sind. Die Songtitel sind leider nicht bis in die Gegenwart überliefert und die Zuschauerzahl ist noch sehr überschaubar. Nichtsdestoweniger fließt die Magie von ABBA an diesem Apriltag des Jahres 1970 zum allerersten Mal in die Welt hinaus. Auch wenn die Band offiziell noch gar nicht existiert.

WAHRE FREUNDSCHAFT

Björns Karriere bei The Hootenanny Singers befindet sich auf ihrem Höhepunkt, als ihm sein Manager Stig Anderson ein verlockendes Angebot macht. Die 1970er-Jahre sind gerade angebrochen und Anderson möchte den begabten Gitarristen und Sänger gerne als Produzenten bei seiner Plattenfirma Polar Music unter Vertrag nehmen. Das Angebot kommt wie gerufen, denn Björn hegt schon länger den Wunsch, nicht nur als Musiker aufzutreten, sondern auch selber Musik zu schreiben und zu produzieren.

Ulvaeus nimmt das Angebot erfreut an, allerdings nicht ohne Bedingung. Wenn er für Polar Music arbeiten soll, dann nur wenn Benny auch einen Posten als Produzent bekommt. An sich hätte Stig nichts dagegen, einen weiteren Mitarbeiter zu gewinnen, noch dazu einen vom Format eines Benny Andersson, den er bereits aus seiner Vergangenheit bei The Hep Stars kennt. Dummerweise fehlen ihm dafür jedoch die finanziellen Mittel. Er könne sich nur einen neuen Produzenten leisten, erklärt der Chef des Labels. Für zwei Gehälter reiche sein Geld schlichtweg nicht aus.

An dieser Stelle kommt Björns außergewöhnliche Loyalität zu Benny zum Ausdruck und er demonstriert wahre Freundschaft. Er würde sich das Gehalt einfach mit Benny Andersson teilen, bietet Ulvaeus seinem Manager an. Stig nimmt den Vorschlag begeistert an und die zwei neuen Produzenten machen sich umgehend an die Arbeit. Björn und Benny lassen ihre Kreativität fortan sowohl in die Songs anderer Künstler als auch in ihre eigenen einfließen. Sie arbeiten unter anderem mit dem schwedischen Musiker Arne Lamberts und natürlich auch mit Frida und Agnetha. Im März 1970 veröffentlichen die beiden frischgebackenen Produzenten mit »She's My Kind of Girl« ihren ersten gemeinsamen Song als Duo. Der Erfolg dieser Nummer hält sich in ihrer Heimat noch in Grenzen. 1972 erreicht »She's My Kind of Girl« in Japan aber schon die Top Ten und verbreitet damit einen weiteren Vorgeschmack auf die unzähligen Hits, die noch vor ihnen liegen.

DAS FÜNFTE BANDMITGLIED

Agnetha, Benny, Björn und Anni-Frid – jeder kennt die Namen der vier ikonischen Bandmitglieder der erfolgreichsten schwedischen Popgruppe aller Zeiten. Es gibt allerdings noch einen fünften Mann in ABBAs Reihen, und damit ist keines der zahlreichen Bandmitglieder gemeint, die das Quartett im Studio und auf Tournee unterstützen.

Die heimliche Nummer fünf des schwedischen Popensembles ist kein Unbekannter im schwedischen Musikgeschäft. Stig »Stikkan« Anderson gilt ohne Zweifel als einer der einflussreichsten schwedischen Musiker der 1950er- und 1960er-Jahre. Anfangs spielt er noch Gitarre und singt selbst, bevor er den Platz im Rampenlicht gegen die Position hinter den Kulissen tauscht. In gewisser Weise verbirgt sich in Stig sowohl ein Wegbereiter als auch eine verwandte Seele. Wie Agnetha und Benny lässt auch Anderson die Schule im Alter von 15 sausen und widmet sich schon bald vollständig seiner großen Leidenschaft. Sein erstes eigenes Lied schreibt er mit 16, der landesweite musikalische Durchbruch gelingt ihm im Alter von 28 Jahren mit der Nummer »Är du kär i mig ännu, Klas-Göran?« (»Bist du immer noch verliebt in mich, Klas-Göran?«), interpretiert von der schwedischen Sängerin Lill-Babs.

Sein Erfolgsrezept scheint einfach: Stig sichert sich die Rechte an internationalen Hits, schreibt einen schwedischen Text dazu und ebnet sich mit seiner Interpretation der Songs den Weg zu den Herzen der Fans.

Eine eigene Plattenfirma scheint der nächste logische Schritt, und so gründet Anderson 1960 zuerst das Label Sweden Music und drei Jahre später Polar Music. Die erste Band, die er mit Polar Music unter Vertrag nimmt, sind keine Geringeren als The Hootenanny Singers, mit Björn Ulvaeus als Gitarrist und Leadsänger. Im Laufe der 1960er-Jahre produziert er mit verschiedenen Musikern mehr als 3000 Songs und wird nach und nach zum Manager aller vier späteren ABBA-Mitglieder.

Die große Erfahrung, eine unermüdliche Arbeitsmoral und die vielen Verbindungen in der Musikszene sind ein unbezahlbarer Faktor im Hinblick auf den Erfolg seiner Schützlinge. Insbesondere in ABBAs Fall sollen sich die Ideen des charismatischen Produzenten auszahlen. Stig Anderson wird oft als Visionär und Stratege bezeichnet. Tatsächlich ist er derjenige, der als Erster das riesige Potenzial von Agnetha, Frida, Benny und Björn erkennt und die vier entscheidend fördert. Doch nicht nur das: Stig leistet auch einen unbezahlbaren kreativen Beitrag, indem er mit Benny und Björn Texte schreibt und immer wieder einprägsame Songtitel für Hits wie »SOS« oder »Mamma Mia« prägt.

Einerseits wachsen ABBA unter Stigs Fittichen zu einer richtigen Familie zusammen, andererseits zeichnet sich der Manager der Band auch durch einen resoluten, gar patriarchischen Führungsstil aus. Mit der für ihn typischen Mischung aus absolutem Vertrauen in Benny und Björn und extrem hohen Ansprüchen an die musikalische Umsetzung treibt er die vier Künstler zu Höchstleistungen an und begleitet sie an die Spitze des internationalen Musikgeschäfts.

VOM HINTERGRUND INS RAMPENLICHT

Zwei Liebesbeziehungen, tiefe Freundschaft und vier Musiktalente mit Seltenheitscharakter, dazu noch ein ehrgeiziger Manager mit einem sicheren Riecher für große Hits – damit scheinen die Weichen für die vier Schweden gestellt. Und doch soll es noch ein paar Jahre dauern, bis die vier Popstars sich unter dem Namen ABBA zu einer richtigen Musikgruppe zusammenschließen. Nichtsdestotrotz kommt es auf Bennys und Björns Album mit dem Titel *Lycka* aus dem Jahr 1970 zur ersten richtigen Zusammenarbeit in Form eines gemeinsamen Lieds.

Eigentlich ist *Lycka* ja das Baby des Folk-Rock-Duos Benny und Björn, immerhin handelt es sich dabei um ihr Debütalbum. Ihre Freundinnen Frida und Agnetha sind für die Platte fast ausschließlich als Hintergrundsängerinnen eingeplant. Selbstredend kümmert sich Benny um Klavier und Keyboard, während Björn Gitarre spielt und den Großteil des Gesangs übernimmt. Leider ist den ambitionierten Musikern mit diesem Album kein allzu großer Erfolg beschieden. Von den insgesamt elf Tracks erreicht gerade mal einer die schwedischen Top Ten. Dafür residiert die Nummer »Hej gamle man!« (»Hallo, alter Mann!«) gleich 15 Wochen lang in der nationalen Hitparade. Und dahinter steckt alles andere als ein Zufall.

Björn und Benny haben die Nummer komponiert und den Text dazu geschrieben, doch erst die betörende Kombination aus Agnethas und Fridas Gesang schafft es, dem Song richtiges Leben einzuhauchen. »Hej gamle man!« wird damit zum ersten großen Aha-Erlebnis der vier Musiker, die bis dahin immer noch meist solo oder bestenfalls als Duo auftreten. Fridas Mezzosopran und Agnethas kräftige Sopranstimme ergänzen sich wundervoll und jagen den Zuhörern einen angenehmen Schauer über den Rücken.

Ganz nebenbei erwähnt kommt es während der Aufnahmen zu *Lycka* auch erstmalig zur Zusammenarbeit mit dem Toningenieur Michael B. Tretow. Noch ahnt keiner, wie unschätzbar wertvoll Tretows Beitrag für ABBAs Triumphzug durch die internationalen Hitparaden sein wird.

PEOPLE NEED LOVE

»Hej, gamle man!« ist der erste Hit aus dem Hause Polar Music, auf dem alle vier Stimmen der späteren ABBA-Mitglieder zu hören sind. Im Vergleich zu »People Need Love« ist der schwedisch gesungene Song allerdings nur ein kleiner Vorgeschmack auf den einzigartigen Klang von Agnetha, Benny, Björn und Anni-Frid.

Im März 1972 finden die Aufnahmen zu »People Need Love« im Stockholmer Atlantis Studio statt. Die vier Musiker haben ihre Lehre aus »Hej, gamle man!« gezogen und produzieren fortan vermehrt gemeinsame Songs. Bevor es losgeht, holen sie mit ihrem Landsmann Janne Schaffer einen exzellenten Leadgitarristen an Bord. Für den Bass rekrutieren sie den in Schweden hängen gebliebenen Engländer Mike Watson, und die Drums übernimmt Ola Brunkert, einer der besten Schlagzeuger des Landes. Benny beginnt mit dem Klavier, die Gitarren und das Schlagzeug kommen dazu und die musikalische Entdeckungsreise beginnt. Der Gesang kommt erst dazu, als die Melodie bereits steht. So nehmen die Musiker mit vereinten Kräften ihren neuen Song auf und schlagen damit eine neue musikalische Richtung ein.

Finden sich auf Benny und Björns Album *Lycka* noch größtenteils Nummern aus dem Folk-Rock-Genre, klingt »People Need Love« auf einmal nach richtiger Popmusik – von der

Jodelpassage am Ende des Songs einmal abgesehen. Bei der Nummer singen noch alle vier gemeinsam. Allerdings stehen die Stimmen der beiden Sängerinnen bereits deutlich im Vordergrund, was den Song letztendlich auch so harmonisch macht und den nächsten Entwicklungsschritt schon vorausahnen lässt.

Als die Aufnahmen abgeschlossen sind, zeigen sich Björn und Benny schwer begeistert von der Kollaboration mit ihren Partnerinnen. Auch der Erfolg der Single kann sich sehen lassen. Kurz nach der Produktion im Studio führen die vier ihren neuen Song in der schwedischen TV-Sendung *Vi i femman* auf und erleben damit ihren ersten gemeinsamen Fernsehauftritt. »People Need Love« erobert kurz darauf den dritten Platz der Singlcharts, was die vier Musiker dazu veranlasst, gleich ein ganzes Album zusammen aufzunehmen.

Schon im nächsten Jahr erscheint in Schweden, Norwegen und Dänemark mit *Ring Ring* das Debütalbum der vier Schweden. Einzig der Name des Quartetts kommt noch etwas ungelenk daher: Björn & Benny, Agnetha & Anni-Frid. Manager Stig Anderson zeigt sich davon alles andere als begeistert und eine Sache wird ihm sonnenklar: Es wird höchste Zeit, dass sich jemand einen anständigen Namen für die vier Stars einfallen lässt.

SONGCONTEST UND FISCHKONSERVEN

Die Kunst, einen so originellen wie einprägsamen Bandnamen zu finden: Bereits Ende 1970 treten die vier Schweden zusammen unter dem Namen Festfolket auf, beenden das Projekt aber aufgrund mangelnden Erfolgs schnell wieder. Es folgen Clubauftritte unter dem Namen Engaged Couples. In Mexiko vertreiben sie ihre Musik als Los Suecos (Die Schweden). Sowohl das Album *Ring Ring* als auch der Auftritt beim schwedischen Melodienfestival laufen dann im Jahr 1973 noch unter dem leicht holprigen Namen Björn & Benny, Agnetha & Anni-Frid.

Noch sind die vier neben ihrem gemeinsamen Album auch mit eigenen Projekten beschäftigt, was anfänglich auch der Grund für die schlichte Aneinanderreihung ihrer Namen in verschiedenen Varianten ist. Schließlich kennt man das Quartett in Schweden vor allem unter ihren Vornamen. Für den ganz großen Erfolg muss dennoch etwas Eingängigeres her, und so machen sie sich zusammen mit Stig auf die Suche nach einem »richtigen« Namen.

Eine Göteborger Zeitung veranstaltet deshalb extra einen Wettbewerb und sammelt allerlei Vorschläge. Darunter befinden sich Namenskreationen wie zum Beispiel *BABA*, *FABB* oder *Alibaba,* die den vier Bandmitgliedern alle recht gut gefallen. Letztlich kann sich aber keiner dieser Namen durchsetzen. Stattdessen entscheiden sich die vier Musiker für den Vorschlag ihres Managers Stig und treten fortan unter dem Namen ABBA auf.

Das Kuriose daran ist nicht etwa die Tatsache, dass sich hinter der Abkürzung wiederum die Vornamen der vier Musiker in Form eines Palindroms verbergen (ein Wort, das rückwärts gelesen genauso lautet wie vorwärts). Vielmehr gibt es auch einen schwedischen Fischkonservenhersteller mit dem Namen Abba Seafood. Dadurch lassen sich die Musiker jedoch nicht von ihrem Aufstieg abhalten und Stig fragt bei der gleichnamigen Konservenfirma an. Dort zeigt man sich nach einigem Überlegen großzügig und erlaubt der Band, den Namen ABBA zu tragen.

Drei Jahre später kommt es während eines Fototermins für die deutsche Jugendzeitschrift *Bravo* zu einem kleinen Lapsus, der sich nachträglich als Geschenk des Himmels herausstellt. Bei den Aufnahmen werden die vier mit dem jeweiligen Anfangsbuchstaben ihres Vornamens fotografiert. Benny hält sein B versehentlich falsch herum und schon ist durch einen harmlosen Zufall das legendäre ABBA-Logo mit dem spiegelverkehrten B geboren. Der neue Bandname und vor allem das ikonische Logo gefallen den Musikern so gut, dass sie es im Anschluss vorsichtshalber als Marke eintragen lassen. Seitdem hat sich der Name ABBA weltweit so stark etabliert, dass wohl nur noch wenige dabei an eine Fischfirma denken.

NACHWUCHS

Ihren ersten gemeinsamen Anlauf beim Melodienfestival nehmen Agnetha, Benny, Björn und Frida im Februar 1973. Mit »Ring Ring«, dem gleichnamigen Titellied ihres Albums, sind die vier alles andere als Underdogs. Ja, in den Augen des Publikums erscheint das Quartett als klarer Favorit.

Auch die vier Musiker malen sich mit ihrem Song gute Chancen aus und rechnen insgeheim vielleicht schon mit ihrer Teilnahme beim Eurovision Song Contest. »Ring Ring« ist immerhin ein beachtlicher Hit in ihrer Heimat. Der Sieger des Festivals wird jedoch nicht von den Zuschauern gewählt, sondern von einer offiziellen Jury. Die Experten zeigen sich letztlich nicht überzeugt, und so landen die beiden Liebespaare mit ihrer fetzigen Nummer lediglich auf Platz drei.

Wo eben noch eine glorreiche Zukunft auf der internationalen Bühne winkte, macht sich schon im nächsten Moment Enttäuschung unter den Musikern breit.

Agnetha ist wahrscheinlich die Einzige, die diesem Rückschlag etwas Positives abgewinnen kann. Während des Auftritts beim Melodienfestival ist die blonde Sängerin hochschwanger. In ihrem Zustand kann sie wahrlich auf den Musikrummel und die damit verbundene Aufregung verzichten. Am 23. Februar 1973 bringt Agnetha ihre Tochter Linda zur Welt. Von da an ändert sich ihr Leben von Grund auf. Drehte sich bis vor Kurzem noch alles um die Musik, steht mit einem Mal die kleine Linda im Mittelpunkt.

Es sieht fast so aus, als wollten die Musen Agnethas und Björns kleiner Familie eine Art Schonfrist gewähren, damit die beiden zumindest ein paar Monate voll und ganz für ihr neugeborenes Mädchen da sein können. Es ist eine kostbare Zeit für die jungen Eltern und die kleine Linda, die vermutlich so schnell nicht wiederkommt. Denn eines ist gewiss: Der ESC findet auch im Jahr darauf wieder statt. Und ein zweites Mal wollen die vier sich nicht mit einer Niederlage zufriedengeben.

WATERLOO

Die Schlacht von Waterloo markiert Anfang des 19. Jahrhunderts den Untergang Napoleons und wird von da an zum Inbegriff der Niederlage. Wer hätte gedacht, dass es knapp 160 Jahre später einer schwedischen Band gelingen würde, dieses geflügelte Wort in einen unvergesslichen Triumph umzumünzen?

Bleibt ihnen die Teilnahme am ESC im Vorjahr noch verwehrt, fegen ABBA die Konkurrenz beim Melodienfestival 1974 mit der Wucht eines musikalischen Wirbelsturms hinweg. So sichert sich die Band die Teilnahme am Eurovision Song Contest im englischen Brighton.

Laut Björn Ulvaeus entspricht »Waterloo« ganz und gar nicht dem damals typischen ESC-Sound. ABBA entscheiden sich trotzdem für die Nummer, weil sie glauben, dass sie sich und ihre Musik mit »Waterloo« am authentischsten präsentieren können. Damit liegen sie letztlich genau am Puls der Zeit – und das, obwohl wieder einmal vieles gegen ihren Erfolg spricht.

Die Konkurrenz in Brighton hat schließlich eine gänzlich andere Kragenweite als die schwedischen Mitbewerber beim Melodienfestival. Auf der einen Seite gelten die Holländer von Mouth & MacNeal als einer der Favoriten bei diesem musikalischen Kräftemessen. Auf der anderen Seite bringt auch das Vereinigte Königreich mit Olivia Newton-John eine Favoritin an den Start.

Als ABBA schließlich mit ihrem Auftritt an der Reihe sind, betritt der Dirigent Sven-Olof Walldoff das Parkett und nimmt seinen Platz von dem bereitsitzenden Orchester ein. Passend zu ABBAs Song trägt Walldoff ein Napoleon-Kostüm. Ein schlechtes Omen? Oder ein augenzwinkernder Glücksbringer?

Als der Song beginnt, sind jegliche Zweifel wie weggeblasen: Die Melodie erfasst das Publikum in Brighton ebenso wie die Zuschauer zu Hause vor den Fernsehern. Dann beginnen Frida und Agnetha zu singen. Ihre Stimmen harmonieren wie immer perfekt, die knalligen Outfits verleihen der Band einen ordentlichen Touch Glamrock. Agnetha sieht in ihren leuchtend blauen Ballonhosen, einem gleichfarbigen Samtblouson und kniehohen Plateaustiefeln aus, als wäre sie einer anderen Welt entsprungen. Fridas Outfit aus weißer Satinbluse und langem Rock erinnert noch ein wenig an die Folk-Rock-Wurzeln der Musiker und setzt damit einen markanten Gegenpol. Benny und Björn wiederum zaubern dem Publikum mit ihren glitzernden Outfits und silbernen Plateaustiefeln ein wohlgesinntes Schmunzeln auf die Lippen.

Alles in allem wirkt der Auftritt sehr spielerisch und für so manchen auch ein wenig absurd. Doch das tut der Wirkung der vier Schweden keinen Abbruch. Sie gewinnen den Song Contest mit deutlichem Abstand von sechs Punkten auf die zweitplatzierte Italienerin Gigliola Cinquetti. Die niederländischen Favoriten belegen lediglich den dritten Platz. Mit ihrem Triumph in Brighton gelangen ABBA über Nacht zu internationalem Ruhm. Danach ist das Leben der vier Musiker kaum noch wiederzuerkennen.

WELTSTARS ODER ONE-HIT-WONDER?

Nach dem sensationellen Erfolg beim Eurovision Song Contest klingeln bei Polar Music die Kassen. Natürlich sehr zur Freude der Band samt ihres Managers Stig Anderson. Eine Welle der ABBA-Euphorie schwappt über Europa. »Waterloo« stürmt die Hitparaden und belegt in vielen Ländern den ersten Platz. Insgesamt verkaufen ABBA mehr als fünf Millionen Tonträger des Songs. Selbst in den USA, wo der ESC keinerlei Bedeutung hat, findet die Nummer einen solchen Anklang, dass sie die Top Ten erreicht. Das Album *Waterloo* bleibt ebenfalls wochenlang in den Charts und erreicht in Schweden Diamant-, in Deutschland Platin- und im Vereinigten Königreich immerhin noch Silberstatus.

Der großartige erste Platz beim ESC hat einen Haken: Wer den Wettbewerb einmal gewinnt, hat damit üblicherweise auch gleich den Zenit seiner Karriere erreicht – zumindest was die europäische Musikszene betrifft. Wird es auch ABBA so gehen? Zunächst sieht es fast so aus: So begeistert sich die Fans auch von »Waterloo« zeigen, so bescheiden fallen die Verkäufe der nächsten beiden Singles aus. »I Do, I Do, I Do« und »Honey Honey« mögen aus heutiger Sicht solide Klassiker aus dem ABBA-Repertoire sein. Bei der Veröffentlichung können die Titel jedoch nicht an den Erfolg von »Waterloo« anknüpfen.

Auch das Nachfolgealbum mit dem schlichten Titel *ABBA* schlägt sich eher mittelmäßig. In Schweden und Norwegen erreicht die Platte noch Platz eins. Doch im Rest der Welt sinken die Verkäufe und damit auch die Beliebtheit der vier Schweden.

ABBAs erste Europatour fällt ebenfalls in diesen Zeitraum und auch hier hält sich der Erfolg in Grenzen. Nicht ein einziges Konzert ist ausverkauft, zwei Auftritte werden sogar wegen Publikumsmangels abgesagt.

Nach dem fulminanten internationalen Durchbruch entwickelt sich ABBAs Karriere also immer mehr zu einer aufregenden Achterbahnfahrt mit erheblichen Höhen und Tiefen. Insbesondere die englische Musikpresse zeigt sich skeptisch gegenüber der schwedischen Band und nimmt die vier Musiker trotz der vielen Plattenverkäufe nicht wirklich ernst. Auch aus anderen Ländern hagelt es verstärkt Kritik, und es stellt sich die Frage, ob das Musikphänomen ABBA nicht doch nur einen kurzlebigen Hype verkörpert. Sie werden als One-Hit-Wonder und Schlimmeres bezeichnet und stehen damit gehörig unter Druck, denn das Musikgeschäft ist kurzlebig und unerbittlich. Wenn sie nicht bald einen Hit liefern, könnte aus dem kometenhaften Aufstieg ein ebenso steiler Absturz werden.

DER ANTICHRIST

Immerhin bleibt ABBAs Erfolg in der Heimat ungebrochen. Ihre Platten verkaufen sich nach wie vor hervorragend und auch die Konzerte ihrer 1975er Schwedentour sind bis auf den letzten Platz ausverkauft. Dennoch weht auch in Schweden immer stärkerer Gegenwind. Sowohl die Musikpresse als auch die schwedische Gegenbewegung der 1970er-Jahre haben in ABBA die passenden Prügelknaben gefunden.

Ganz allgemein vertritt die linke Szene dortzulande die Auffassung, Popmusik müsse politisch sein und es gebe darin keinen Platz für Glanz und Glamour. In dieser Zeit hört ein Großteil der schwedischen Jugend Prog-Musik oder auch Progressive Rock. Der schwedische Ableger dieser aus England stammenden Musikrichtung zeichnet sich vor allem durch Inklusion und sozialistische Texte aus. Die Prog-Musiker nehmen ihre Sache sehr ernst und lehnen alles, was nach Kommerz aussehen könnte, kategorisch ab. Sie tragen Bärte, lange Haare und ganz alltägliche Kleidung. Allen voran, quasi als Galionsfigur der linken Musikszene, findet sich die Hoola Bandoola Band mit ihrem Frontmann Mikael Wiehe.

Anfang des Jahrzehnts hat die Hoola Bandoola Band im schwedischen Musikzirkus die Nase klar vorn. Als ABBA dann mit ihren mitreißenden Melodien und den knalligen Outfits die Bühnen des Landes stürmen, bleiben auch die

Prog-Rocker nicht unberührt. Gerade noch konnten sie mit ihren politisch geprägten Protestsongs die Jugend des gesamten Landes begeistern. Und jetzt machen ihnen plötzlich diese vier lächelnden Musiker in Glitzerklamotten und Plateauschuhen Konkurrenz.

Dabei erfüllen Mikael Wiehe und seine Mitstreiter doch sämtliche Anforderungen der damaligen Zeit, sehen sich selbst als die weißen Ritter der schwedischen Musikszene. Mit ihren Glamour-Outfits und unpolitischen Texten verkörpern ABBA den krassen Gegenpol zur Hoola Bandoola Band und eignen sich daher als perfektes Feindbild für die Anhänger des Progressive Rock. Dabei geht die Verachtung für ABBA so weit, dass mancher Kritiker sie sogar als Antichristen bezeichnet haben soll. Auch Mikael Wiehe nimmt in dieser Sache kein Blatt vor den Mund und nennt Agnetha, Benny, Björn und Frida in einem Interview die »Musiker des Bösen«.

Allerdings schwingt in dieser Aussage unüberhörbare Selbstironie und vielleicht sogar ein bisschen heimliche Bewunderung mit. Dauerhaft können sich eben nicht einmal die schärfsten Kritiker ABBAs unwiderstehlichem Charme entziehen.

SOS

ABBAs Durststrecke ohne Hit scheint kein Ende zu nehmen. Wäre die Gruppe auf hoher See in eine vergleichbare Notlage geraten, würde sie mit Sicherheit einen Notruf absetzen. Und genau das tut sie.

Die ABBA-Version eines solchen Notrufs klingt jedoch ganz und gar nicht nach einem Hilfeschrei, vielmehr nach einem weiteren Welthit. Schon die ersten melancholischen Takte auf dem Piano bieten einen Gänsehautfaktor, wie man ihn nur von den vier Schweden kennt. Spätestens als Agnetha anfängt zu singen, reagieren die Fans wie gebannt: So hat man ABBA bisher noch nicht gehört. Allein die Tatsache, dass Benny »SOS« in d-Moll komponiert hat, spricht Bände. Dazu eine traurige Agnetha, die Stimme voller Herzschmerz, ein noch traurigerer Text – und schon läuft der neue ABBA-Hit in allen Radiosendern hoch und runter.

Sahen viele in ABBA eben noch ein sinkendes Schiff, katapultieren sich Björn, Benny, Agnetha und Frida mit ihrem neuen Song so schwungvoll zurück an die Spitze des Musikgeschäfts, dass sich die Reaktionen förmlich überschlagen.

Von wegen »One-Hit-Wonder«: »SOS« erweist sich als notwendige Weiterentwicklung. ABBA landen mit dem Stück 1975 den nächsten lang ersehnten Nummer-eins-Hit. Und mit der Auskopplung der neuen Single erhält auch das Album *ABBA* erheblichen Auftrieb.

Gleichzeitig kurbeln ABBA mit »SOS« nicht nur ihre Plattenverkäufe an, sie zeigen mit der melancholischen Ballade auch eine ganz neue Facette und stellen eindrucksvoll unter Beweis, dass sie mehr können als spielerische ESC-Musik und sich in all den Monaten im Studio beachtlich weiterentwickelt haben. Das bleibt auch den ganz großen Stars der Zeit nicht verborgen. So adelt John Lennon »SOS« als einen der besten Popsongs, der jemals geschrieben worden sei.

Ein größeres Lob kann es kaum geben, insbesondere für Beatles-Fans der ersten Stunde wie Benny und Björn. Mit diesem Rückenwind geht der Song schon bald als musikalischer Triumphschrei um die Welt.

THE WALL OF SOUND

Bereits bei den Aufnahmen zu »Ring Ring« und »Waterloo« arbeiten ABBA mit dem schwedischen Toningenieur Michael B. Tretow zusammen. Tretow wirkt zwar wie der ABBA-Manager Stig eher im Hintergrund, ist für den Sound der Band aber mindestens ebenso wichtig wie die Stimmen von Frida und Agnetha, Bennys Piano oder Björns Gitarre. ABBA-Biograf Carl Magnus Palm bezeichnet den Toningenieur einmal sogar als stilles fünftes Bandmitglied, zumindest in musikalischer Hinsicht.

Tretow bereichert ABBA und ihre Musik vor allem dadurch, dass er sich verstärkt vom amerikanischen Komponisten Phil Spector inspirieren lässt. Erstmalig entdeckt der Toningenieur Phil Spectors »Wall of Sound« in einem Buch Anfang der 1970er-Jahre. »Wall of Sound«, so nennt Spector seine Aufnahmetechnik mit einem Großaufgebot an klassischen Instrumenten und einem Maximum an technischen Effekten. Mit dieser Methode erzeugt er die Wirkung eines fulminanten Orchesterklangs und ist damit so erfolgreich, dass er Hits für etliche Weltstars produziert, unter anderem auch für die Beatles.

So einen Sound wollen ABBA ebenfalls produzieren. Vollmundig und kräftig soll er sein, die Gehörgänge der Fans voll und ganz einnehmen, eine richtige »Wall of Sound« eben. Inzwischen sind ABBA zwar wieder auf dem aufsteigenden Ast, die Ausgaben für ein Musikensemble in der Fasson eines Phil Spector übersteigen dann aber doch ihre finanziellen Mittel.

Die Lösung für dieses Problem kommt abermals durch Michael B. Tretow. Wenn sich schon kein ausgewachsenes Orchester für die Aufnahmen engagieren lässt, dann könnte man doch einfach beliebig viele Tonspuren ein und desselben Instruments aufnehmen, das Tempo geringfügig verändern und diese Tonspuren nachträglich übereinander schalten. Die Idee klingt vielversprechend, also probiert Tretow das Ganze gleich mit seiner Gitarre aus.

So entsteht im Handumdrehen und ganz ohne eine teure »Armee« von externen Musikern genau der Klang, den sich ABBA wünschen. Natürlich nicht gleich in Perfektion – ein bisschen Feinarbeit ist notwendig, bis auch der letzte Ton perfekt sitzt. Die ersten Vorboten dieser »Wall of Sound« sind wie bereits erwähnt schon in »Ring Ring« und »Waterloo« zu hören. »SOS« kann bereits mit einer verfeinerten Version aufwarten. Vollständig perfektionieren werden ABBA diesen Sound jedoch erst mit der darauffolgenden Single.

MAMMA MIA

»Wer glaubt, alle Früchte werden mit den Erdbeeren reif, der versteht nichts von den Trauben.« Dieser Ausspruch geht auf den mittelalterlichen Arzt Paracelsus zurück und ließe sich metaphorisch auch auf ABBA anwenden. Nur weil die Schweden die Welt bereits mit einigen Hits bereichert haben, bedeutet das noch lange nicht, dass sie schon die Grenzen ihres Potenzials erreicht haben.

Seit dem Debüt »People Need Love« sind inzwischen drei Jahre vergangen, und mit jedem Hit wird die Musik besser und besser. Die im Spätsommer 1975 veröffentlichte Single »Mamma Mia« trifft einmal mehr genau ins Schwarze. Dabei wollten ABBA den Song anfänglich gar nicht selbst singen, sondern der britischen Band Brotherhood of Man abtreten. Was für ein Glück, dass sie sich letztlich doch für die Nummer entscheiden und sie selbst aufnehmen. Die Melodie des neuen ABBA-Songs liefern Benny und Björn, der Text stammt aus Stig Andersons Feder. Agnethas und Fridas bezaubernder Gesang haucht der Nummer das notwendige Leben ein.

Im Grunde ist »Mamma Mia« eine recht simple Komposition: Der Refrain besteht aus gerade einmal vier Tönen. Zusammen mit ihrer Version der »Wall of Sound« verweben ABBA die scheinbare Einfachheit mit einem extrem dichten instrumentalen Klang, der fortan zu ihrem Markenzeichen gehört. Zeigten sich in ABBA-Stücken bis dahin immer wieder neue musikalische Einflüsse und eine klare Bereitschaft zum Experimentieren, präsentiert sich mit »Mamma Mia« endlich der reifere, bis ins letzte Detail ausgearbeitete ABBA-Sound, wie ihn Fans in aller Welt bis heute lieben.

Kurioserweise soll das Lied ursprünglich gar nicht als Single erscheinen. Doch als das Musikvideo zu »Mamma Mia« im September 1975 in der australischen Musiksendung *Countdown* ausgestrahlt wird, entfacht der Song einen solchen Begeisterungssturm, dass die Telefonleitungen bei Polar Music nicht mehr stillstehen. Auf mehrfaches Bitten der Australier wird daher eine weitere Single ausgekoppelt. Eine Entscheidung, die weder Stig noch ABBA jemals bereuen werden.

Australien ist jedoch lediglich das erste Land, das von der Magie des neuen ABBA-Songs verzaubert wird. Unzählige folgen und »Mamma Mia« erobert die Charts wie kein ABBA-Hit zuvor.

Bilanz: Platz eins in Australien, Deutschland, Irland und der Schweiz und weitere Chartplatzierungen von Österreich bis Südafrika. Die sicherlich größte Belohnung ist jedoch der erste Platz in den Singlecharts des Vereinigten Königreichs. Dort stößt »Mamma Mia« nämlich die Jahrhundertnummer »Bohemian Rhapsody« der Ausnahmeband Queen vom Thron.

Damit beweisen ABBA endgültig ihren Ausnahmestatus: Wer es in jener Zeit mit Freddy Mercury aufnehmen kann, muss musikalisch zur absoluten Spitzenklasse zählen. Auch wenn vereinzelte hartgesottene Kritiker noch immer skeptisch sind, lässt »Mamma Mia« im Rest der Welt keinen weiteren Zweifel mehr am musikalischen Genie der vier Schweden aufkommen.

MASTERMIND

Bei einer Band ist es im Vergleich zum Solokünstler immer schwierig, einen einzigen Erfolgsfaktor auszumachen. In ABBAs Fall ist das nicht anders, denn ohne die drei anderen wäre wahrscheinlich keiner der vier über die schwedischen Grenzen hinaus erfolgreich geworden. ABBA zeichnen sich durch Teamwork im klassischen Sinn des Wortes aus. Jeder macht, was er oder sie am besten kann. Björn schreibt Texte, Agnetha und Anni-Frid singen und Benny komponiert.

So wie sie anfangs eine Zeit lang brauchen, um über Glamrock und Folkexperimente letztlich zu ihrem unverwechselbaren Popsound zu finden, so dauert es auch eine Weile, bis sich die Rollenverteilung innerhalb der Band deutlicher abzeichnet. Die ersten Hits entstehen noch mehr oder weniger organisch, indem die Musiker im Studio jammen und zusammen einen neuen Song erschaffen.

Mit »Mamma Mia« ändert sich die Herangehensweise jedoch von Grund auf. Ganz in der Manier eines abgeklärten Strategen übernimmt Benny das Zepter im Studio und gibt allen Mitwirkenden klare Anweisungen. Egal ob Janne Schaffer und Björn Ulvaeus an den Gitarren, Roger Palm am Schlagzeug oder Mike Watson am Bass: Benny sieht allen genau auf die Finger. Die Melodie am Klavier spielt er als begnadeter Pianist natürlich selbst. Agnethas und Fridas Stimmen verpassen der Nummer wie immer die nötige Magie und ein klein wenig Xylofon an den richtigen Stellen rundet den neuen ABBA-Hit perfekt ab.

Mit dem meisterhaften Wechsel aus Minimalismus im Refrain und dem anschließenden vollen ABBA-Sound verleiht Benny seiner neuesten Komposition eine majestätische Leichtigkeit, gepaart mit einer unglaublichen Wucht, die den Song einfach unwiderstehlich machen. Der bahnbrechende Erfolg des Welthits »Mamma Mia« unterstreicht Bennys Führungsrolle in der Band und stellt die Weichen für die kommenden gemeinsamen Jahre.

Wer weiß, vielleicht ist das Geheimnis hinter Bennys Genie tatsächlich in den Sternen zu finden, wie man mancherorts munkelt. Als geborener Schütze scheint ihm eine gewisse Zielsicherheit von vornherein in die Wiege gelegt worden zu sein. Nimmt man seinen Geburtstag etwas genauer unter die Lupe, findet sich eine erstaunliche Parallele zu Ludwig van Beethoven. Das genaue Geburtsdatum des Bonner Ausnahmekomponisten ist zwar nicht historisch gesichert, es deutet jedoch vieles darauf hin, dass Beethoven genau wie Benny am 16. Dezember zur Welt kam – nur eben gut 170 Jahre früher.

ÖL STATT KRONEN

ABBA ziehen mit ihren schrillen Outfits und der so erfrischend anderen Musik immer weitere Kreise. Ja es gibt Mitte der 1970er kaum noch einen Ort auf der Welt, wo man die vier Schweden nicht kennt. Die Verkaufszahlen ihrer Songs sprechen für sich und auch die Stimmen der Kritiker werden leiser und leiser. Mit einem Nummer-eins-Hit in den US-Charts auf der Habenseite können sie sich fast schon entspannt zurücklehnen.

Doch nicht nur in Amerika ist man begeistert von den Klängen aus Schweden. Auch in Osteuropa treffen die Melodien der Popstars auf begeisterte Zuhörer. In Polen zählen Agnetha, Frida, Björn und Benny längst zu den ganz großen Namen der Musikszene. Und auch in Russland erliegen immer mehr Menschen dem betörenden Gesang der nordischen Sirenen.

Grundsätzlich ist das erst mal ein Grund zur Freude. Angesichts des Kalten Krieges und der verhärteten Fronten zwischen Ost und West gestaltet sich diese Beziehung jedoch recht schwierig.

Aufgrund eines Handelsembargos des Westens, das die russische Währung außerhalb der Sowjetunion nicht zulässt, stellt sich die Frage, wie ABBA an ihre redlich verdienten russischen Tantiemen kommen sollen.

Eine schlichte Überweisung in russischen Rubel scheint ausgeschlossen, also ist Kreativität gefragt. Was tut man also, wenn Geld selbst keine Option darstellt? Man entscheidet sich für Sachwerte. Der findige Geschäftsmann Stig Anderson gründet hierfür eigens eine Firma mit dem Namen Sannes Trading, die später in Pol Oil umbenannt werden soll. Zweck dieser Firma ist es, die Zahlungen aus Russland und anderen osteuropäischen Ländern in Form von Kompensationsgeschäften abzuwickeln.

Konkret heißt das: ABBA fließt aus der UdSSR ein Warenstrom aus Ölprodukten zu, die Stig über die neu gegründete Firma vertreiben will. Der Erfolg dieser Firma hält sich jedoch in Grenzen und Anfang der 1980er wird sie nach erheblichen Verlusten wieder geschlossen. Zum Glück haben ABBA bis dahin bereits so viele Schäfchen im Trockenen, dass sie die »Ölpleite« nicht in finanzielle Probleme bringt.

HAUTE COUTURE

Hauptbestandteil des ABBA-Erfolgsrezepts ist selbstredend die unverkennbare Musik. Weitere wichtige Zutaten sind die beiden Liebesgeschichten um Frida und Benny sowie Agnetha und Björn. Aus ihnen speist sich der märchenhafte Charakter der Band und gleichzeitig lassen sie die vier Superstars auf besondere Art und Weise menschlich und bodenständig erscheinen. Und natürlich sind auch das entsprechende Management und die bewusst unpolitischen Texte mitentscheidend.

Wenn dem ABBA-Sound also die zentrale Rolle zukommt, so vervollständigt ihn der weltberühmte ABBA-Look. Nach den in modischer Hinsicht verhältnismäßig braven 1960er-Jahren explodiert mit Beginn der 1970er in der westlichen Welt eine regelrechte Fashion-Bombe. Stig erkennt schnell, dass man diesen Trend als Zugpferd für ABBAs Erfolg nutzen kann, und holt den Kostümdesigner Owe Sandström an Bord. Frida und Agnetha sind sofort begeistert vom neuen Mitglied der ABBA-Familie und bitten Owe immer wieder um besondere Kreationen. Und auch Björn und Benny finden schnell Gefallen an Owes Kostümen.

Als sie ihm 1973 ihre Garderobenwünsche für »Ring Ring« unterbreiten, entschlüpft Björn eine gewagte Aussage. Mit dem berühmten Ausspruch »Nichts ist zu wild«, ermutigt er den Kostümdesigner dazu, ihnen möglichst ausgefallene Bühnen-Outfits zu kreieren. Als Owe die wilden Outfits zuverlässig und wie bestellt liefert, bereut Björn seine Aufforderung.

Das Ergebnis lässt sich heute noch im Musikvideo zu »Ring Ring« bestaunen. Björn trägt eine glitzernde schwarz-weiße Weste mitsamt passendem Halsband und eine Hose, die fast ein wenig an den Sternenhimmel erinnert. Agnetha steckt in einem knallroten bauchfreien Outfit, Frida wiederum blendet die begeisterten Zuschauer in einem weit aufgeknöpften Einteiler aus funkelndem Schlangenlederimitat. Und Benny sitzt in blauem Blouson und weißem Hemd mit extrem breitem Kragen am Klavier. Bei aller Extravaganz dürfen die obligatorischen Plateauschuhe natürlich nicht fehlen. Der Song kann beim ESC nicht abräumen, dafür markiert er die Geburtsstunde des legendären ABBA-Looks, den die Band wie ihre Musik in den Folgejahren immer weiter verfeinert.

Gut zwei Jahre später landet Owe Sandström mit den Outfits zu »Mamma Mia« seinen ganz persönlichen Hit. In ihren schneeweißen Kostümen – Agnetha im hautengen, tief ausgeschnittenen Einteiler, Frida im knappen Jäckchen und Minirock – sehen die beiden Sängerinnen aus wie schwedische Engel. Björn trägt eine weiße Latzhose und ein kragenloses goldenes Hemd, Benny hingegen bietet mit dunkler Hose und einem Sakko in Tigerfelloptik einen willkommenen farblichen Kontrast. Ein ganz besonderer Leckerbissen: Sandström verarbeitet für die Kostüme der Sängerinnen sogar Schichten aus dünn geschnittenem Perlmutt.

Exklusiv, ausgefallen und ein bisschen wie einem Zirkus entsprungen – so sieht er aus, der ABBA-Look. Anfangs mag er noch ein wenig gewagt daherkommen, mit der Zeit wird er jedoch immer eleganter, bis die vier aussehen wie Models auf dem Laufsteg. Obendrein gelingt es den Musikern mit ihren extravaganten Outfits auch noch, dem schwedischen Finanzamt ein Schippchen zu schlagen. Solange sie nachweisen können, dass sie die Kostüme nicht für den täglichen Bedarf brauchen, lassen sie sich nämlich von der Steuer absetzen. Angesichts der schrillen Designs des Kostümexperten Sandström dürfte die Überzeugungsarbeit in ABBAs Fall nicht allzu schwer ausgefallen sein.

MUSIKPIONIERE

Schon bei ABBAs erster Europatournee entdeckt Agnetha, dass ständiges Reisen und zahlreiche Hotelübernachtungen weit weg von zu Hause nicht nach ihrem Geschmack sind. Schließlich hat sie als Mutter auch noch andere Aufgaben, als ihre Fans auf Konzerten zu beglücken, und möchte möglichst viel Zeit mit ihrer jungen Familie verbringen.

Liveauftritte sind im Musikgeschäft jedoch wahnsinnig wichtig, insbesondere in den USA können sich selbst große Bands nur durch Konzerte dauerhaft etablieren. In anderen Ländern sind die Fans zum Glück schon aus dem Häuschen, wenn mal wieder eines der neuen ABBA-Videos über die Fernseher flimmert. Dank des Musikvideos zu »Mamma Mia« werden die Schweden in Australien über Nacht zu Megastars, die sich mit den Erfolgen der Beatles messen können.

Dass Musikvideos als Format in den 1970ern noch gar nicht richtig etabliert sind, stört ABBA nicht im Geringsten. Zusammen mit dem späteren Hollywood-Regisseur Lasse Hallström filmen die Musiker ein Video nach dem anderen und verbreiten so nicht nur ihre Musik, sondern gleich das ABBA-Komplettpaket in der Welt. Den Fans gefällts und Stig Anderson reibt sich die Hände. Denn diese Videos bringen nicht nur die Songs und das Image seiner Protegés in Umlauf, sie sind im Vergleich zu einer Tournee echte Schnäppchen und bringen so gut wie keine Risiken mit sich.

Lasse Hallström bietet der Band aber nicht nur günstige Produktionspreise, in ihm steckt auch ein echtes Arbeitstier. Manchmal bekommen ABBA dank Hallströms Arbeitsweise an nur einem Tag zwei ganze Musikvideos in den Kasten. Diese Videos entpuppen sich nicht nur als äußerst wertvolles Marketinginstrument, sie machen ABBA auch zu richtigen Musikpionieren. Da sich in den 1970er-Jahren fast alle großen Bands auf Konzerte konzentrieren, produziert außer ABBA kaum jemand Musikvideos. Nach und nach entdecken zwar immer mehr Bands diese Form der Präsentation für sich, Trendsetter in dieser Hinsicht sind und bleiben die vier Schweden und ihr fleißiger Regisseur.

GREATEST HITS – DIE ERSTE

ABBA sind noch keine drei Jahre zusammen als Band aufgetreten, da bringen sie Ende 1975 schon ihr erstes Greatest-Hits-Album heraus. Damit entscheiden sie sich wie so oft für einen unkonventionellen Weg, sie zeigen aber auch Mut und Selbstvertrauen. Streng genommen können sie zu diesem Zeitpunkt nämlich mit gerade einmal drei internationalen Hits aufwarten.

Eigentlich wollen weder die vier Musiker noch ihr Manager zu diesem Zeitpunkt ein Best-of-Album veröffentlichen. Da jedoch mehrere ausländische Plattenfirmen diesen Schritt gehen und für eine Lizenzgebühr an Polar Music eigene Kompilationen mit den besten Singles der schwedischen Band auf den Markt bringen, sehen sich ABBA in Zugzwang und reagieren entsprechend.

Neben einer Auswahl an Hits von ihren ersten drei Studioalben erregt das Album vor allem durch seine grafische Gestaltung Aufsehen. Als kleine Besonderheit lassen die Schweden nämlich gleich zwei verschiedene Cover entwerfen.

Auf der Version für den skandinavischen Markt ist eine Zeichnung des Künstlers Hans Arnold abgebildet, die Frida als Comic-Vampirdame und Benny als Mischwesen aus Mensch und Katze am Klavier zeigt. Die zweite Version ist für den britischen und den US-Markt bestimmt und erzeugt mit einem recht eigenwilligen Foto der vier Musiker eine Faszination, der man sich kaum entziehen kann: Benny und Frida sitzen auf einer Parkbank und küssen sich. Agnetha und Björn sitzen daneben, Björn liest unbeteiligt Zeitung und Agnetha blickt mit ihren großen blauen Augen direkt in die Kamera. Es ist nur ein einziges Foto und doch erzählt es eine Geschichte von Liebe, Hoffnung, Verlust und Schmerz. Genau wie ABBAs Musik, die sich immer wieder um ganz persönliche Themen wie Verliebtsein, Betrug und Herzschmerz dreht.

Auf den ersten Blick scheint ABBAs erstes Greatest-Hits-Album wie ein Schnellschuss zu wirken, dennoch stellen sie damit einmal mehr ihre sichere Spürnase in Sachen Erfolg unter Beweis. Schon bald erreicht die Kompilation sowohl in Norwegen als auch in Schweden Platz eins der Albumcharts. In Kanada schafft es die Platte auf Platz zwei und in den USA erreichen ABBA vorerst immerhin noch Platz 48 – wohlgemerkt ohne bis dahin auch nur ein einziges Livekonzert auf amerikanischem Boden gespielt zu haben.

Das Sahnehäubchen ist jedoch der Erfolg, den ABBA mit ihren Greatest Hits in Großbritannien feiern dürfen. Platz eins in den Wochencharts, Album Nummer eins des Jahres 1976 und in der Zehnjahreswertung von 1970 bis 1979 immer noch Platz zwei. Es regnet förmlich Platinplatten, und man könnte meinen, jetzt hätte die Band den Gipfel des Erfolgs endgültig erreicht. Doch weit gefehlt! Tatsächlich sind die Hitgaranten von ABBA gerade erst warm geworden ...

NEUE TÖNE

ABBA etablieren sich am Olymp der Popmusik und sonnen sich im Rampenlicht. Die vier wissen aber nur zu gut, dass das Musikgeschäft niemals schläft. Daher gilt die Devise: noch besser werden und sich dabei ständig weiterentwickeln. Auch wenn die vier mit »Waterloo« und »SOS« bereits Hits für die Ewigkeit produziert haben, geht es im Studio weiter und immer weiter.

Da gibt es nämlich diesen neuen faszinierenden Musiktrend aus den USA, der inzwischen auch seinen Weg nach Europa gefunden hat. *Disco* heißt die Musik, die auch die Trommelfelle von Agnetha, Frida, Benny und Björn verzückt.

In typischer ABBA-Manier machen sie sich gleich an die Arbeit und feilen an ihrem ganz eigenen Discosound. Dass sie als extrem erfolgreiche Mainstream-Musiker, die dazu auch noch aus dem wohlhabenden Schweden kommen, eigentlich gar nicht zu den typischen Vertretern des Genres gehören, stört sie kein bisschen. Die Discomusik entsteht in den USA unter gesellschaftlichen Außenseitern und wird vor allem von Afroamerikanern, Homosexuellen und Minderheiten gespielt. Für ABBA heißt das aber noch lange nicht, dass sie deshalb als Discomusiker nicht infrage kämen. Außerdem stehen sie in den USA schon eine Weile bei Atlantic Records unter Vertrag, womit sie quasi schon mittendrin sind im afroamerikanisch geprägten Musikgeschehen.

Davon einmal abgesehen sind die vier ja nicht nur Musiker, sondern auch selbst Musikfans. Als solche lieben sie es – mit Ausnahme von Benny –, abends durch die Discos zu ziehen und nach ein paar Gläsern Champagner zu den neuesten Songs zu tanzen. Vor allem Frida zeigt sich immer wieder als begeisterte Tänzerin.

Angesteckt vom neuen amerikanischen Discosound, schreiben Björn und Benny den Song »Man in the Middle«, der nur so vor funky Gitarrensounds strotzt. Die Parallelen zu Stevie Wonder sind unüberhörbar, doch einen Hit können sie damit nicht wirklich landen. Vielleicht muss der Song das aber auch gar nicht sein. Angesichts ihres schier unfassbaren Erfolgs macht dieser Exkurs ins Experimentelle die Ausnahmekönner auf eine sympathische Weise fehlbar und menschlich. Außerdem ist manchmal ein Zwischenschritt nötig, um mit etwas völlig Neuem an alte Erfolge anzuknüpfen. Und es sieht fast so aus, als ob »Man in the Middle« genau diesen Zwischenschritt auf dem Weg zum nächsten Welthit ausmacht.

SCHLAGER ODER DISCO?

Mit »Mamma Mia« und dem im Anschluss veröffentlichten Greatest-Hits-Album steigern ABBA den Takt und sind in einer Art Hitmaschinen-Modus angekommen. Ihre neuen Singles haben eine derartige Durchschlagskraft, dass sie gar nicht so recht wissen, welche sie zuerst auf den Markt bringen sollen.

Auf der einen Seite ist da dieser Song, der ABBA zurück zu den Wurzeln führt und schon deshalb wie ein Erfolgsgarant anmutet, weil er das gesamte Musikpublikum vom kleinen Kind bis zur Großmutter anspricht. Auf der anderen Seite reift da eine neue Disconummer vor sich hin, die vor allem Komponist Benny unbedingt veröffentlicht sehen will.

Welchem Song sollen sie nun den Vortritt gewähren? Es stellt sich die schwierige Frage: Schlager oder Disco? Manager Stig spricht sich für den Schlager aus, Benny gibt der Discomusik den Vorzug. Nach einigem Hin und Her kann sich Stig durchsetzen und »Fernando« wird die neue ABBA-Single. Dabei ist die Schlagernummer eigentlich gar kein ABBA-Song, sondern sie entstammt Fridas zweitem Soloalbum *Frida ensam*.

Der von Björn und Benny geschriebene Song erweist sich jedoch als solcher Ohrwurm, dass sie die Nummer kurzerhand auch zu viert aufnehmen und im März 1976 veröffentlichen. Das Lied schlägt ein wie eine Bombe und verkauft sich noch im selben Jahr über sechs Millionen Mal. Alles in allem gehen mehr als zehn Millionen Exemplare des Megahits »Fernando« über die Ladentheken der Plattengeschäfte, was die Nummer zu einer der meistverkauften Singles aller Zeiten macht.

Obwohl »Fernando« auf den ersten Blick im Vergleich zu »Mamma Mia« ein wenig verstaubt wirkt und für manchen Kritiker fast schon nach Rückschritt klingt, erfreut sich der Song weltweit so enormer Beliebtheit, dass ABBA ihn gleich in drei verschiedenen Sprachen aufnehmen. So gibt es neben Fridas Originalversion auf Schwedisch natürlich eine auf Englisch und als Bonus sogar noch eine auf Spanisch. Nachträglich findet der Track dann auch noch einen Platz auf dem Greatest-Hits-Album des Vorjahrs.

In Australien pulverisiert »Fernando« jegliche Konkurrenz gleich auf Jahrzehnte hinweg. 14 Wochen lang verteidigen ABBA dort mit ihrem neuen Song die Spitze der Charts und stellen damit einen Rekord auf, der erst 40 Jahre später von Ed Sheerans »Shape of You« gebrochen werden wird. Somit freut sich letztlich nicht nur Stig, dass er seinen Song durchsetzen konnte. Im Gegenteil, die ganze Band ist hellauf begeistert. Und Bennys Discosong steht auch schon in den Startlöchern.

BOOGALOO

Am 4. August 1975 beginnen die Aufnahmen zu ABBAs neuestem Meisterwerk mit dem klangvollen Titel »Boogaloo«. Wie bei »Man in the Middle« holen sich die Komponisten Benny und Björn die nötige Inspiration bei einem amerikanischen Discomusiker. Diesmal lassen sie sich aber nicht von Stevie Wonder anregen, sondern vielmehr von George McCrae und seiner unvergesslichen Tanznummer »Rock Your Baby«. Die Vorarbeiten zu den Studioaufnahmen finden in Agnethas und Björns Cottage auf der Insel Viggsö im Stockholmer Schärengarten statt, wo die beiden Songwriter der Band schon so manchen Hit ersonnen haben.

Den Studiomusikern der Band wird gleich zu Beginn der Aufnahmen klar, dass diese Nummer kein gewöhnlicher Song wird. Dafür treten Benny und Björn einfach zu zielstrebig und dominant auf. Benny legt wie immer größten Wert darauf, den Musikern das richtige Tempo für den Song zu vermitteln. Björn gibt ganz genaue Anweisungen, was die Musiker dürfen und was nicht. ABBA-Drummer Roger Palm erinnert sich noch gut, wie der Songwriter ihm explizit verbietet, ein Becken seines Schlagzeugs zu benutzen. Als schließlich auch noch Toningenieur Tretow auf diesen ungewohnten Autoritätszug aufspringt und gleich alle Becken von Palms Schlagzeug entfernt, guckt der Drummer doch ein wenig verdutzt aus der Wäsche.

Dann beginnen die ersten Aufnahmen für »Boogaloo« und es zeichnet sich deutlich ab: Die Musiker haben ihre Finger in eine Goldader gelegt. Als Benny und Frida abends die erste Rohaufnahme der Nummer anhören, kommen Frida die Tränen, so ergreifend ist die Melodie.

Benny und Björn sind deshalb aber noch lange nicht zufrieden. Sie nehmen »Boogaloo« in zig verschiedenen Versionen auf, verändern immer wieder den Text und die Melodie und legen einen Perfektionismus an den Tag, wie ihn nur wenige Musiker beherrschen. Trotzdem sind die beiden alles andere als Musiktyrannen. Auch Agnetha und Frida bringen ihre Vorschläge ein und arbeiten ebenso konzentriert und professionell an der neuen Nummer wie die beiden Männer.

Zwei der wichtigsten Elemente des Songs sind zweifellos das unverwechselbare Glissando ganz am Anfang und die erste Textzeile. Mit den Worten »Friday night and the lights are low« versetzt Agnethas Gesang die Fans von Anfang an in die perfekte Discostimmung. Die Arbeiten an diesem monumentalen ABBA-Song dauern insgesamt sechs Monate. Eine lange Zeit für ein einziges Lied, aber zweifellos die Mühe wert, sobald man es zum ersten Mal hört.

Fehlt eigentlich nur noch eine Kleinigkeit. »Boogaloo« hört sich zwar voll und ganz nach Disco an, trifft den Nagel aber noch nicht ganz auf den Kopf. Glücklicherweise hat sich der perfekte Songtitel aber schon die ganze Zeit im Refrain versteckt. Also wird »Boogaloo« durch »Dancing Queen« ersetzt. Damit steht nach der langen Anlaufphase nicht nur die nächste absolut märchenhafte ABBA-Nummer, die durch ihre Kombination aus fröhlicher Tanzmusik und tiefgründig melancholischen Pianoklängen die Gegensätze der Band perfekt vereint: Benny bekommt mit »Dancing Queen« endlich seinen lang ersehnten Discosong. Und im Gegensatz zu »Man in the Middle« sprengt ABBAs neuer Hit sämtliche Hitparaden des Planeten.

Wochenlang steht die Nummer auf Platz eins – endlich auch in den USA – und bringt ABBA unzählige Gold- und Platinplatten ein. Bis heute gilt das Werk als zeitlos perfekter Popsong und füllt sowohl auf Privatpartys und Hochzeiten als auch in etlichen Diskotheken immer noch die Tanzflächen.

KÖNIGLICHE GALA

ABBAs neuer Hit geht dermaßen durch die Decke, dass der Begeisterungssturm nicht einmal vor der schwedischen Königsfamilie haltmacht. »Dancing Queen« läuft auf der ganzen Welt in Endlosschleife und ist trotzdem noch kein einziges Mal live gespielt worden. Passenderweise steht im Sommer 1976 die königliche Hochzeit zwischen König Carl XVI. Gustav und seiner Verlobten Silvia auf dem Programm. Und wer wäre besser für die musikalische Untermalung einer solchen Veranstaltung geeignet als die größte schwedische Band aller Zeiten?

Zugegeben: Discomusik und Königshaus scheinen nicht unbedingt füreinander geschaffen zu sein. Doch sobald ABBA am Vorabend der königlichen Hochzeit die Bühne betreten, erledigen sich eventuelle Zweifel von selbst. Es ist der 18. Juni und die Königliche Oper in Stockholm platzt in dieser Nacht der Nächte aus allen Nähten. Nicht nur die Zuschauerreihen sind bis auf den letzten Platz besetzt, auch die Bühne quillt fast über vor Musikern in aufwendigen barocken Gewändern und gepuderten Perücken.

König Carl Gustav und seine Silvia beobachten das Spektakel bestens gelaunt von ihren bequemen Logenplätzen. Die vier ABBA-Stars haben sich für diesen besonderen Abend einzigartige Kostüme designen lassen. Agnetha und Frida tragen weite Reifenkleider im Rokoko-Look und Benny und Björn treten an diesem Abend in einer gewagten Neuinterpretation der klassischen königlichen Pagenuniform auf. Mit dem Erklingen der letzten Takte setzen Frida und Agnetha zum perfekt einstudierten Hofknicks an und auch die beiden Männer verbeugen sich tief vor der königlichen Loge und dem dort sitzenden Hochzeitspaar. Der Applaus der Zuschauer hallt durch die Königliche Oper und auch das Königspaar klatscht Frida, Agnetha, Björn und Benny begeistert Beifall.

Natürlich beschränkt sich das Publikum auf verhältnismäßig wenige erlesene Gäste. Zum Glück wird der Auftritt aber live im TV übertragen und lässt somit zumindest die schwedischen Fernsehzuschauer an diesem Ereignis der Spitzenklasse teilhaben.

ANKUNFT

»Dancing Queen« trägt 1976 den Ruf der schwedischen Musiksensation in die Welt hinaus, wie keiner anderer ABBA-Hit es bis dahin vermocht hat. Kein Wunder also, dass die internationalen Plattengeschäfte sich bereits bei der Vorbestellung des neuen ABBA-Albums gegenseitig überbieten. Es wirkt beinahe wie in einem Auktionshaus, wenn gut betuchte Gentlemen um den Erwerb eines erlesenen Kunstwerks konkurrieren. Mit dem entscheidenden Unterschied, dass es zum Glück mehr als nur ein einziges Exemplar der neuen ABBA-Platte gibt.

Deutschland bietet mit einer halben Million Vorbestellungen ganz vorne mit. Australien erhöht auf 600 000 Tonträger und Polen legt mit 800 000 sogar noch eine ordentliche Schippe drauf. Das damals noch kommunistische Land zeichnet sich mit dieser Vorbestellung in geradezu astronomischer Höhe gleich doppelt aus. Einerseits nehmen die Polen mit ihrer Order rein zahlenmäßig die Spitzenreiterposition der internationalen ABBA-Fans ein. Andererseits gibt es dortzulande eine Obergrenze für Musikimporte aus dem Westen, die mit den 800 000 ABBA-Alben bereits ihr Maximum erreicht.

Insgesamt verkauft sich das Album fast zehn Millionen Mal und erobert die Spitzen der Charts in elf Ländern.

Deutschland, Holland, Japan, Australien, Großbritannien und viele weitere Länder können gar nicht genug von ihrer schwedischen Lieblingsband bekommen. Wieder einmal werden ABBA mit Gold- und Platinplatten überhäuft und wissen inzwischen vermutlich gar nicht mehr so recht, wohin damit. Übrigens ist auf dem Cover des Albums erstmalig das zufällig entstandene ABBA-Logo mit dem umgedrehten B zu sehen, das die Band fortan für alle ihre Veröffentlichungen nutzt.

Ikonisch, meisterhaft, unerreicht – die Superlative um ABBA lassen sich unendlich fortsetzen. Ihre Musik lässt sich mit keiner anderen Band des Planeten vergleichen. Der ABBA-Look geht um die Welt und setzt modische Trends. Und auch die Präsentation der Musik scheint geradezu vollkommen. Da passt der Albumtitel *Arrival* – zu Deutsch Ankunft – doch wie die Faust aufs Auge. Nach gut vier Jahren gemeinsamer Arbeit sind Agnetha, Benny, Björn und Anni-Frid im internationalen Musikgeschäft ganz oben angekommen. Natürlich werden auch sie sich nicht für immer dort halten können. Doch fürs Erste bleiben sie noch ein wenig und heizen ihren Fans mit weiteren Meisterwerken und endlich auch den lang ersehnten Livekonzerten gehörig ein.

MONEY, MONEY, MONEY

Die nächste Single aus dem Album *Arrival* heißt »Money, Money, Money« und bringt den schwedischen Superstars zusätzlichen Ruhm und lässt die Bankkonten der Musiker weiter gehörig anschwellen. Dabei machen sie ihre Musik längst nicht mehr des Geldes wegen. Finanziell sind die vier inzwischen so gut aufgestellt, dass sie als zweitgrößtes Wirtschaftsunternehmen Schwedens gezählt werden können.

Das größte wäre in diesem Fall der Automobilkonzern Volvo, allerdings dicht gefolgt von ABBA. Das soll den vier Musikern erst einmal jemand nachmachen. Natürlich sind sie nicht die Einzigen, die hinter dem Erfolg der Band stehen. Wie schon erwähnt: Da gibt es Manager Stig Anderson, ihre bewährten Musiker wie Roger Palm oder Mike Watson, Toningenieur Michael B. Tretow. Es gibt aber auch einen ganzen Hofstaat aus Assistenten, Roadies, Technikern und was man als Popband eben alles so braucht.

Nichtsdestotrotz steckt eine gewaltige Leistung dahinter, es als Band in Sachen Jahresumsatz mit einem multinationalen Konzern aufzunehmen. Allerdings erzielen ABBA ihre Einnahmen längst nicht mehr nur mit Plattenverkäufen. Zusammen mit Stig Anderson gründen sie im Laufe der Jahre verschiedene Firmen und investieren ihr Geld in ganz unterschiedliche Projekte (etwa die bereits erwähnte Firma

Sannes Trading). Dieser Unternehmergeist wird auch immer mal wieder unter dem Schlagwort »ABBA-Imperium« zusammengefasst. Die Investments sind zwar auch von Misserfolgen geprägt, doch die Plattenverkäufe überwiegen das zum Glück und die Musiker bleiben von größeren Pleiten meist verschont.

Der einstige ABBA-Agent Billy Schultz zitiert in diesem Zusammenhang gerne den alten Insiderwitz mit dem Wortlaut: »Money is the cheapest thing they've got.« Frei übersetzt bedeutet das so viel wie: »Geld spielt für ABBA keine Rolle.« Schön, wenn man derart entspannt mit einem Thema umgehen kann, das vielen Menschen doch immer wieder erhebliche Sorgen bereitet.

WELTTOURNEE

Im Anschluss an den Megaerfolg mit der Single »Dancing Queen« und dem Album *Arrival* beginnt sie endlich: Die lang ersehnte Welttournee der schwedischen Superstars. Den Tourauftakt markiert ein Konzert in Oslo am 28. Januar 1977. Gab es bei ihrer ersten Europatour noch herbe Enttäuschungen in Form spärlich gefüllter Konzerthallen, zeigt sich dieses Mal sehr deutlich, dass so etwas nicht noch einmal vorkommen wird.

In weiser Voraussicht buchen ABBA die Royal Albert Hall in London gleich für zwei Konzerte in Folge. Der Veranstaltungsort bietet zwar Platz für mehrere Tausend Zuschauer. Doch im Zuge der weltweiten ABBA-Hysterie wirkt das bestenfalls wie ein Tropfen auf den heißen Stein. Wie zu erwarten sind beide Konzerte bereits lange im Vorfeld ausverkauft. Insgesamt bewerben sich über 3,5 Millionen Fans für die 12 000 Tickets, die in London zum Verkauf stehen. Damit geht die überwältigende Mehrheit leer aus, aber diejenigen, die das Glück haben, ihre Stars bei einem dieser Konzerte live zu sehen, erleben einen absolut unvergesslichen Abend.

Allein in Europa spielen ABBA während dieser Tour 16 Konzerte in 14 verschiedenen Städten von Göteborg bis Glasgow. Trotz ihres unangefochtenen Weltruhms werden sie vom Lampenfieber erfasst. So gesteht Frida ihre Nervosität vor den Konzerten in einem Interview mit der *Bravo*. Angesichts der riesigen Erwartungen habe sie Angst, die Fans zu enttäuschen. Profis, wie Björn, Benny, Frida und Agnetha nun einmal sind, bereiten sie ihre Tournee bereits 1976 so akribisch mit täglichen Proben vor, dass sich Fridas Sorge als unbegründet herausstellt.

Berechtigt ist sie jedoch allemal. Schließlich ist es alles andere als ein Kinderspiel, den ausgeklügelten ABBA-Sound, der im Studio zusammen mit vielen weiteren Musikern entsteht, live gespielt auf die Bühne zu bringen. An dieser Stelle kommt der finanzielle Erfolg der Band erleichternd ins Spiel. Die Zahlungen aus ihren jüngsten Plattenverkäufen sind derart überwältigend, dass sie mit ihrer Tour gar kein Geld verdienen müssen. Die Musik steht für ABBA an erster Stelle, weshalb sie weder Kosten noch Mühen scheuen, um diese auch im Livekonzert so authentisch wie möglich rüberzubringen.

Die Reaktionen des Publikums fallen entsprechend euphorisch aus. In Birmingham adeln die Fans den Auftritt ihrer Stars mit den Superlativen »brillant« und »wundervoll«. Auch in London, Berlin und an den anderen Auftrittsorten überschlägt sich das Publikum vor Begeisterung. Und doch kann all der Jubel, der ABBA in Europa begleitet, die Band nur ansatzweise auf den Empfang vorbereiten, der sie in Australien erwartet.

LAMPENFIEBER, DROGEN UND AGNETHAS PO

Bei der Ankunft in Sydney im März 1977 werden ABBA von einem Fanaufgebot begrüßt, das den vier Schweden und ihrem Gefolge glatt den Atem verschlägt. Schon als sie aus dem Flugzeug steigen, ist die Geräuschkulisse ohrenbetäubend. Wohin man auch sieht, drängen sich die Fans, um einen guten Blick auf ihre Idole zu erhaschen. Polizei und Sicherheitskräfte haben große Mühe, die euphorische Menge unter Kontrolle zu halten. Die Zeitungen des Landes titeln schlicht: »They're here!« Sie sind hier!

Den Bandnamen müssen sie gar nicht eigens erwähnen, denn die Nachricht von der bevorstehenden ABBA-Tour durch Down Under ist längst bis in den letzten Winkel des australischen Kontinents vorgedrungen.

»We want ABBA« – so hallen die Sprechchöre unaufhörlich über das Rollfeld. Und das, was sie wollen, bekommen die Fans auch: Konzerte in Sydney, Melbourne, Perth und Adelaide stehen auf dem Programm und das Kartenkontingent fällt in Australien ein gutes Stückchen größer aus als in Europa.

Bevor sie ihr erstes Konzert auf australischem Boden geben, stehen jedoch noch einige Punkte auf dem Programm. Unter anderem eine Pressekonferenz. Der dafür vorgesehene

Saal ihres Hotels in Sydney quillt fast über von Journalisten und Fotografen. Die vier wirken anfangs noch ein wenig angespannt. Hier und da blitzt ein Fotoapparat, die Reporter beginnen mit den Fragen.

Ob die Band vor ihren Auftritten nervös sei, möchte der erste wissen. Benny erklärt, dass eine gewisse Aufregung im Vorfeld jeder Show spürbar sei. Er wolle es einfach nicht erleben, von 30 000 Menschen ausgebuht zu werden. Mit dieser ehrlichen Antwort entlockt er den versammelten Pressevertretern schallendes Gelächter und die Situation entspannt sich.

Frida spricht darüber, wie langweilig sie das Reisen findet, aber auch, wie sehr sie es liebt, in den verschiedenen Ländern der Welt auf der Bühne zu stehen.

Eine junge Reporterin wagt einen Vorstoß – mit der Frage, ob ABBA Drogen nehmen, was Benny direkt mit einem »Nein« beantwortet. Clean seien sie zwar nicht, aber sie nähmen keine Drogen.

Die wohl indiskreteste Frage der gesamten Pressekonferenz dreht sich schließlich um Agnethas Meinung zu ihrem wohlgeformten Hintern. Agnetha nimmt es mit Humor und erklärt, dass sie diese Frage nicht beantworten kann. Schließlich könne sie ihren Po doch gar nicht richtig sehen. Björn sitzt neben ihr und lacht gut gelaunt über die Antwort seiner Frau. Und auch die versammelten Journalisten lachen herzlich über die Schlagfertigkeit der Sängerin.

Damit wäre der Presseteil ihres Aufenthalts in Sydney fürs Erste erledigt und die Band kann sich auf das lang ersehnte Konzert vorbereiten.

AUSRUTSCHER

Nach zwei Tagen voller Soundchecks und Proben findet am 3. März 1977 endlich das erste ABBA-Konzert in Sydney statt. Veranstaltungsort ist die restlos ausverkaufte RAS Showground Arena, ein Konzertgelände unter freiem Himmel mit Platz für mehr als 20 000 Zuschauer.

Lange haben die Fans auf diesen verheißungsvollen Abend hingefiebert, doch der Wettergott scheint ihnen nicht gewogen. Ein heftiges Gewitter bäumt sich über der Stadt auf und es regnet in Strömen. Die Fans lassen sich davon nicht abschrecken und schützen sich mit Regencapes und Schirmen. Für die Band gestaltet sich die Situation jedoch weitaus heikler. Wenn die Bühnenelektronik nass würde, so wäre das eigentlich schon gefährlich genug. Sollte es obendrein noch zu einem Blitzeinschlag kommen, bestünde für sie absolute Lebensgefahr. Bei ABBA und den Livemusikern macht sich Sorge breit, von einigen Gesichtern ist die Angst deutlich abzulesen. Sollen sie das Konzert abbrechen? Die Frage steht eine Weile im Raum. Auch wenn alle sichtlich besorgt sind, wir schon bald klar: Einen Abbruch können sie ihren Fans nicht antun.

Als Agnetha, Benny, Björn und Anni-Frid schließlich in golden glänzenden Mänteln auf die Bühne stürmen und die ersten Takte zu ihrem Song »Tiger« aus den Lautsprechern dröhnen, könnte der Jubel kaum enthusiastischer ausfallen. Die Zuschauer kreischen vor Begeisterung, das Gewitter scheint keine Rolle mehr zu spielen.

Zu allem Überfluss rutscht Frida auf der nassen Bühne aus und prellt sich die Hüfte. Profi durch und durch lässt sich die Sängerin nichts anmerken. Sie steht kurz darauf wieder auf den Füßen, eilt zum Mikrofon und liefert den Fans zusammen mit den anderen Bandmitgliedern eine einmalige Show. Insgesamt stehen an diesem Abend 34 Sänger und Musiker auf der Bühne und heizen dem Publikum mit einer Setlist von sage und schreibe 20 Songs ein.

Nach einer doppelten Zugabe mit »Dancing Queen« und »Thank Your for the Music« endet das Konzert. Das Publikum geht glücklich nach Hause und ABBA werden in der australischen Presse als Helden gefeiert, die für die Fans sogar ihr Leben aufs Spiel setzen. An diesem Abend ist sie ganz stark spürbar, die berühmte Magie der schwedischen Superstars. So bleibt dieses Konzert trotz oder vielleicht gerade wegen des Gewitters allen Beteiligten für immer in Erinnerung.

MELBOURNE KOCHT ÜBER

Fällt der Empfang in Sydney bereits geradezu frenetisch aus, setzen die Fans in Melbourne dem Ganzen noch die Krone auf. Tausende und Abertausende säumen die Straßen, als ABBA in einem Konvoi aus polierten Rolls-Royce-Limousinen zum Rathaus der Stadt chauffiert werden. Die Menschenmassen erstrecken sich vom Flughafen bis ins Stadtzentrum. Menschen aller Altersgruppen jubeln den Schweden zu. Kinder und Jugendliche kreischen unkontrolliert, die Erwachsenen rufen den Namen der Band im Chor. Allein die Nähe ABBAs scheint auszureichen, um die Melburnians spontan in absolute Hochstimmung zu versetzen.

Über 100 000 begeisterte Fans verstopfen an diesem Tag die Straßen und Plätze der Stadt. Mit einem solchen Aufmarsch haben die schwedischen Stars in ihren kühnsten Träumen nicht gerechnet. Hatten die Ordnungskräfte bereits in Sydney ihre liebe Mühe, müssen sie in Melbourne aufgrund des hohen Besuchs gleich die ganze Stadt abriegeln. Es herrscht absoluter Ausnahmezustand, doch die Stimmung bleibt friedlich.

Das im Anschluss stattfindende Konzert ist abermals unter freiem Himmel geplant, nämlich in der Sidney Myer Music Bowl. Und wieder ist Regen angekündigt. Letztlich zeigt sich das Wetter in Melbourne aber gnädig und dem Auftritt der

Band steht nichts mehr im Wege. Allein das Konzertgelände ist schon eine Besonderheit. Einem antiken Amphitheater nachempfunden, ist es auf der ganzen Welt für seine einzigartige Atmosphäre berühmt.

Sobald die Sicherheitskräfte den Zuschauern die Tore zur Music Bowl öffnen, füllt sich das Stadion bis zum letzten Platz mit Fans. Kleine Kinder mit ihren Eltern, Teenager, komplette Familien bis zu den Großeltern tummeln sich im Publikum und warten gespannt auf den Auftritt. Ja sogar der australische Premierminister Malcolm Fraser ist an diesem Abend samt Familie mit von der Partie und jubelt den Schweden aus der ersten Reihe zu. Natürlich ist auch dieses Konzert schon lange ausverkauft, doch das hält die australischen Fans nicht davon ab, sich außerhalb der Absperrungen auf die Wiese zu setzen und die Musik aus einiger Entfernung zu genießen. Insgesamt sollen an diesem Abend über 40 000 begeisterte Fans vor Ort sein.

Einzig Björn fühlt sich während der Show nicht ganz fit, weshalb das Konzert ein wenig kürzer ausfällt. Doch das tut dem Erlebnis keinen Abbruch. Außerdem steht in Melbourne bereits am nächsten Tag ein zweites ABBA-Konzert auf dem Programm, bei dem die Schweden ihre Fans mit 24 ihrer größten Hits von »SOS« bis »Fernando« verzücken.

DIE BETTLAKEN DER STARS

So großartig der Empfang und die Konzerte in Melbourne auch ausfallen: ABBAs Zeit in der australischen Metropole ist auch von einigen Herausforderungen gekennzeichnet. Ihr Hotel, das Old Melbourne Rotary, gehört zwar zu den besten Adressen der Stadt, aber durch die Lage mitten im Zentrum bleibt den Musikern so gut wie keine Privatsphäre.

So werden sie immer wieder von Fans und Paparazzi belagert und bedrängt, was bisweilen auch zu gefährlichen Situationen führt. Insbesondere dann, wenn sich die Fans und Fotografen dazu hinreißen lassen, sich den Konvois der Stars in den Weg zu stellen. Als wäre das noch nicht genug, fällt auch die Schlafsituation in ihrer Unterkunft alles andere als befriedigend aus. In dem einfachen Doppelbett ihrer Suite finden Agnetha und Björn keinen richtigen Schlaf. Als sie den Hotelier Alan Johnson darauf ansprechen und ihn bitten, doch zwei Einzelbetten in ihrem Zimmer zusammenzuschieben, verspricht er, sich darum zu kümmern, und treibt ein Kingsize-Doppelbett für die beiden auf.

Im Anschluss daran kommt es jedoch zu einem Vorfall der besonders geschmacklosen Art. Der Hotelbetreiber des Old Melbourne kommt im Zuge der ABBA-Hysterie auf die ausgefallene Idee, die Bettlaken zu versteigern, auf denen die schwedischen Superstars ihre Nächte verbringen. Sobald die

Schweden wieder weg seien, würde man die Laken in Stücke schneiden und an die Meistbietenden verkaufen. Natürlich nicht ohne sie vorher mit einer Art Echtheitsstempel zu versehen. Und falls die Nachfrage zu groß sein sollte, würde man eben die Handtücher und Kissenbezüge der Superstars auch noch klein schneiden und an den Mann bringen.

Eigentlich gehört Diskretion und Verschwiegenheit in der Luxushotellerie ja zu den großen Tugenden. Johnson scheint da die berühmte Ausnahme von der Regel zu sein. Der Zeitungsartikel, der dieser Aktion als Werbung dienen soll, steht zu allem Überfluss auch noch unter der Überschrift »SLEEP WITH ABBA!« (»Schlafen Sie mit ABBA!«).

Auch wenn die vier Musiker über die Bettlakenaktion vermutlich ebenso lachen können wie über die Bemerkung zu Agnethas Hintern, kommt Johnsons Hotel in Zukunft wohl nicht mehr für sie infrage.

FREMDE FEDERN

Was haben der Skandalrocker Alice Cooper und die Superstars von ABBA gemeinsam? Auf den ersten Blick so gut wie nichts, außer dass sie zur gleichen Generation gehören und musikalisch aktiv sind. Wie es der Zufall will, befinden sich die Schweden 1977 zur selben Zeit in Australien wie der US-Rocker.

Cooper erinnert sich noch heute gut daran, wie er damals eines Nachmittags völlig verkatert in seinem Hotelzimmer aufwacht: Der Lärm, der von draußen hereindringt, lockt ihn auf den Balkon. Völlig unerwartet sieht sich Cooper einer gewaltigen Menge aus Teenagern gegenüber, die einen ohrenbetäubenden Krach veranstalten. Er spitzt die Ohren und auf einmal kann er aus den Rufen der Masse seinen Namen heraushören.

»Alice, Alice!«, rufen die Jugendlichen und zaubern dem Sänger damit ein glückliches Lächeln auf die Lippen. Gut gelaunt winkt er seinen Fans zu, ja er entledigt sich sogar seines T-Shirts und feiert den Moment.

Bei genauerem Hinhören stellt sich jedoch heraus, dass die Fans nicht »Alice, Alice« rufen, sondern »ABBA, ABBA«. Immer noch leicht lädiert vom Vorabend, hat Cooper nicht bedacht, dass die vier Schweden ein Stockwerk über ihm residieren. Ein Blick nach oben genügt und er sieht Frida,

Agnetha, Björn und Benny, die ihren begeisterten Fans zuwinken.

Offenbar kann es auch einem Paradiesvogel wie Alice Cooper mal passieren, dass er sich versehentlich mit fremden Federn schmückt. ABBA bekommen davon allerdings nicht viel mit und Cooper nimmt die Sache mit Humor.

ABBAMANIA

In der zweiten Hälfte der 1970er-Jahre scheint es, als wäre der halbe Planet verrückt nach ABBA und ihren »magischen« Songs. Den Gipfel der ABBA-Hysterie oder auch Abbamania, wie man in den englischsprachigen Ländern sagt, erleben die vier Schweden zweifellos in Australien.

Und es sind nicht nur die Fans, die den Superstars mit Sprechchören und Plakaten huldigen. Auch die australische Presse überschlägt sich förmlich. Während der ABBA-Tour durch Down Under scheint es kaum noch ein anderes Thema zu geben als ABBA hier und ABBA da.

Im Zuge der Abbamania erscheinen aber auch unzählige Fanartikel mit dem berühmten Logo der schwedischen Band. T-Shirts und Schildmützen mit dem ABBA-Schriftzug oder Abbildungen aller vier Bandmitglieder sind natürlich die naheliegendsten Produkte in Sachen Merchandise. Auch Anstecker und Poster rangieren im Bereich alltäglicher Fanartikel.

Doch das Portfolio von ABBA geht noch viel, viel weiter. Es gibt Puppen, Teddys, Schmuck, Socken, Schuhe, Seife, Brotdosen, Taschen, Kissen, Schirme, Schlüsselanhänger, Handtücher, wasserlösliche Tattoos, Lippenbalsam, Karten- und Brettspiele. Ja sogar ein ABBA-Memory. Etliche dieser Artikel sind bis heute im Webshop der Band erhältlich. Kurzum: Die Liste der ABBA-Fanartikel ist beinahe endlos und die

Menschen kaufen einfach alles, solange darauf das berühmte ABBA-Logo zu sehen ist.

Der Inbegriff der Abbamania zeigt sich allerdings nicht in den Fanartikeln und Memorabilien der Band, sondern in der Aktion einer jungen australischen Mutter. Der Vorfall ereignet sich, während die vier im Rolls-Royce-Konvoi vom Flughafen Melbournes in die Stadt fahren. Die junge Australierin ist fest entschlossen, ein Autogramm der Band zu bekommen, und greift in ihrer Entschlossenheit zu extremen Mitteln. Kurz bevor der ABBA-Konvoi sie erreicht, stürmt die Mutter mit ihrem neugeborenen Kind auf die Autobahn und legt das Baby vor die Fahrzeuge auf den Asphalt. Natürlich bringt sie die Wagen damit zum Anhalten und versetzt die schwedischen Musiker erst einmal in Schockstarre. Ungeachtet des enormen Polizeiaufgebots – sogar ein Helikopter begleitet den ABBA-Konvoi – rennt die Frau zu den Stars und sichert sich ihr heiß ersehntes Autogramm.

Sicherlich gibt es auch heute noch unglaubliche Szenen in Sachen Fanhysterie. Doch was ABBA in Australien erleben, scheint in dieser Hinsicht der absolute Superlativ und grenzt bisweilen ans Surreale.

ABBA – THE MOVIE

Als würde der Trubel, den die australische Bevölkerung um ABBA veranstaltet, nicht ausreichen, dreht Haus- und Hofregisseur Lasse Hallström während der Australientour auch noch einen Kinofilm über die Band. Das lässt nicht nur den ohnehin schon gewaltigen Tross der Band ins schier Unermessliche anschwellen, es stellt die vier Musiker auch immer wieder vor zusätzliche Herausforderungen. Die Fanmassen, die ABBA auf Schritt und Tritt verfolgen, bedeuten schon mehr als genug Aufregung und Nervenkitzel. Und dann auch noch eine 50-köpfige Filmcrew im Schlepptau? Es ist fast so, als wären die vier von einem ganz persönlichen Bienenschwarm umgeben, der sie in einen konstanten Lärmpegel taucht.

Da die Musiker in erster Linie ihre Konzerte spielen wollen und zusätzlich noch etliche Pressetermine wahrnehmen, gestalten sich die Dreharbeiten höchst chaotisch und Hallström muss viel improvisieren. Um dem Film Leben einzuhauchen, lässt sich der Regisseur etwas ganz Besonderes einfallen. Er inszeniert die Geschichte eines Radio-DJs, der alles für ein Exklusivinterview mit den schwedischen Superstars geben würde. Als Gegenspieler setzt Hallström einen Leibwächter an ABBAs Seite, der die Pläne des DJs immer wieder durchkreuzt. Eigentlich eine lustige Idee, nur wissen die vier Musiker nichts von Hallströms Drehbuch und finden sich immer wieder diesem Possenspiel zwischen DJ und Bodyguard ausgesetzt.

Dabei sind sowohl der DJ als auch der Leibwächter nicht mehr als Schauspieler, die sich an Hallströms Anweisungen halten. Im Laufe von ABBAs Australien-Aufenthalt prallen die beiden immer wieder aufeinander, wobei der Bodyguard – gespielt von Tom Oliver – stets die Oberhand behält.

Erst als der DJ – gespielt von Robert Hughes – zufällig Stig Anderson über den Weg läuft, wendet sich das Blatt. Der ABBA-Manager sagt ihm für das Interview zu und gibt dem DJ sogar eine Freikarte für das nächste Konzert. Dummerweise verschläft der DJ jedoch den Interviewtermin, begegnet ABBA aber wie durch Zufall kurz vor ihrer Abreise aus Australien in einem Aufzug.

So kommt er doch noch zu seinem Interview und die Scharade findet ein glückliches Ende.

Unter den Fans der Band genießt *ABBA – The Movie* bis heute absoluten Kultstatus und kommt obendrein so etwas wie einer cineastischen Zeitreise gleich.

REIFEPROZESS

Im Gegensatz zur Konkurrenz aus England und anderen Nationen sind Agnetha, Benny, Björn und Anni-Frid Ende der 1970er längst keine Teeniestars mehr. Diese Phase ihrer Karriere haben sie bereits in den 1960er-Jahren erlebt. Inzwischen sind die ABBA-Stars verheiratet, Agnetha und Björn haben zwei Kinder, Linda und Peter.

Auch sehen die vier längst nicht mehr aus wie die blutjungen Rock- und Popstars aus Großbritannien. Jedes einzelne ABBA-Mitglied kann gegen Ende des Jahrzehnts auf deutlich mehr als zehn Jahre Musikkarriere zurückblicken. Sie können unzählige nationale und internationale Erfolge für sich verbuchen und haben in der Popszene ohnehin längst einen einzigartigen Status erreicht

Mit anderen Worten: ABBA werden mit den Jahren nicht nur immer erfolgreicher, sie reifen vor allem auch menschlich. Dieser Reifeprozess macht natürlich nicht halt vor ihrer musikalischen Entwicklung. Wirken sie bei ihrem Durchbruch mit »Waterloo« noch recht jung und leichtfüßig, schlagen sie mit den Jahren eine andere Richtung ein. Damit wird nicht nur ihr Image immer erwachsener, sondern auch ihre Musik. Das zeigt sich natürlich an den immer ausgereifteren Melodien, insbesondere aber auch an ABBAs Texten.

Wenn Frida und Agnetha über Liebe singen, dann geht es in ihren Songs längst nicht mehr um das stürmische, überschwängliche Verliebtsein der Jugendjahre. Nein, die neuen ABBA-Balladen wie »Knowing Me, Knowing You« oder »The Name of the Game« kommen mit weitaus mehr Tiefgang daher und thematisieren auch die schwierigen Seiten der Liebe. Dabei stören sich die Schweden nicht daran, dass ihre Themen nicht immer zu den beliebtesten der Popmusik zählen. Sie scheuen nicht davor zurück, auch Herzschmerz und Trennung in ihren Songs zu verarbeiten und damit Fragen aufzuwerfen, die in der üblichen Leichtigkeit des Popgenres gewöhnlich nur selten zu finden sind.

Es ist durchaus möglich, dass mit ihren neuen Kreationen bereits etwas in der Luft liegt, was die beiden Liebespaare selbst noch nicht richtig greifen können.

Auf fast schon prophetische Art und Weise geben Songs wie »Knowing Me, Knowing You« mit ihrer tiefen Melancholie bereits einen musikalischen Vorgeschmack auf das, was das Schicksal noch für die vier bereithält.

OLIVER'S ARMY

Fanden Björn und Benny zu Beginn ihrer Karriere immer wieder große Inspiration in der Musik der Beatles und anderer englischsprachiger Musiker, so verhält es sich Ende der 1970er genau umgekehrt: Inzwischen lassen sich die Briten immer mehr von ABBA beeinflussen. Es wirkt wie der klassische Weg vom Schüler zum Meister. Anfangs waren ABBA die jungen schwedischen Neulinge, die ihr Handwerk von den großen Meistern John Lennon, Paul McCartney oder auch Elvis Presley lernten. Jetzt sind sie auf der Position der Meister angelangt und die internationale Musikszene bedient sich teilweise sehr offensichtlich und unverhohlen bei ABBAs Repertoire.

Diese Dynamik zeigt sich vor allem mit dem Aufkommen der Punkmusik in England – und das trotz der gegensätzlichen Philosophien von Pop und Punk. Auf der einen Seite haben wir die unfassbar erfolgreichen Schweden, die mit ihrer Popmusik nicht zuletzt kommerziell extrem erfolgreich sind. Dem gegenüber stehen die englischen Punks, die jegliche Art von Kommerz von Grund auf skeptisch betrachten und lautstark kritisieren. Dementsprechend könnte man erwarten, dass die britischen Systemkritiker das schwedische Erfolgsmodell ABBA aufgrund seines kommerziellen Charakters kategorisch ablehnen.

Doch das Gegenteil ist der Fall: Punklegenden wie Elvis Costello oder Ian McCulloch (Echo & The Bunnymen) gestehen offen ihre Bewunderung für die schwedischen Ausnahmemusiker. Und nicht nur das: Die frechen Punks lassen sich musikalisch stark von ABBA inspirieren und borgen sich hier und da auch gerne mal das eine oder andere Element. Das ist besonders in Elvis Costellos Song »Oliver's Army« zu erkennen. Wenn man genau auf das Pianoriff der Nummer achtet, hört man recht schnell die Parallele zu ABBAs »Dancing Queen«. Ähnlich verhält es sich mit dem Titel »Spanish Bombs« der englischen Punkband The Clash, die sich wie Costello und McCulloch völlig ungeniert als ABBA-Fans outet.

Glen Matlock, der Bassist der Sex Pistols, geht sogar noch einen Schritt weiter und gesteht ganz freimütig, dass er das Gitarrenriff für »Pretty Vacant« mehr oder weniger direkt von ABBAs Megahit »SOS« abgekupfert hat. Und auch der spätere Sex-Pistols-Bassist Sid Vicious, Inbegriff des Punk-Antihelden und Gegenteil jeglichen Glamours, bekennt sich als ABBA-Fan.

Benny und Björn sind zwar berüchtigt dafür, wie streng sie ihre musikalischen Schätze hüten, doch im Fall der englischen Punkrocker verzichten sie ausnahmsweise auf eine Klage.

UNBEGRENZTE MÖGLICHKEITEN

Agnetha, Benny, Björn und Frida haben eine lange Reise hinter sich – seit ihrer Zeit als schwedische Popstars sind einige Jahre vergangen und sie haben im Laufe ihrer Karriere jede Menge Höhen und Tiefen erlebt. Auf der ganzen Welt geliebt und gefeiert, mit Platinplatten und allerlei musikalischen Auszeichnungen überhäuft, verbleiben für die vier Schweden eigentlich kaum noch unerfüllte Ziele.

Zur perfekten Karriere gibt es nur noch eine Wegmarke, die sie bisher nicht gesetzt haben: Eine Tournee durch die USA, die Heimat des Rock 'n' Rolls und unzähliger Musiklegenden. Mit »Dancing Queen« können ABBA zwar bereits einen Nummer-eins-Hit im Land der unbegrenzten Möglichkeiten für sich beanspruchen, doch lange haben sie sich geziert und bisher sämtliche Anfragen von jenseits des großen Teichs abgelehnt. Wenn sie nach Amerika fliegen, um dort live aufzutreten, dann nur als Headliner und nicht als Vorgruppe einer anderen Band. Dementsprechend warten sie, bis sie von ihrem Tourmanager Thomas Johansson die Zusage erhalten, dass sie in den USA vor ausverkauftem Haus spielen würden.

Am 13. September 1979 ist es endlich so weit. Der Tourauftakt findet allerdings nicht in den USA, sondern im Nachbarland Kanada statt. Genauer gesagt in Edmonton, wo sie im ausverkauften Northlands Coliseum vor mehr als 15 000 Fans auftreten. Ihr letztes Konzert liegt zu diesem Zeitpunkt schon zweieinhalb Jahre zurück und die vier Musiker sind sichtlich nervös. Sie wissen um den hohen Status der Nordamerikatour und sehen darin eine große Herausforderung.

Sobald das Konzert beginnt, zeigen die Superstars, was sie draufhaben, und sorgen mit unglaublichen 26 Songs für eine großartige Stimmung. Sowohl die Fans als auch die örtliche Presse zeigen sich begeistert von ABBAs Tourauftakt und schon geht es weiter: Vancouver, Seattle, San Francisco, Los Angeles, Chicago, New York und viele weitere Städte stehen auf dem Programm. Die Konzerte sind mit wenigen Ausnahmen ausverkauft, aber die Stimmung in den USA lässt sich längst nicht mit der Euphorie des australischen Publikums vergleichen. Auch wenn sich viele Fans positiv über ABBA äußern, scheint doch irgendetwas zwischen den Amerikanern und den Schweden zu stehen. In Boston vergleicht man die Musiker ganz uncharmant mit vier singenden Bänkern. Steve Morse vom *Boston Globe* setzt sogar noch einen drauf und bezeichnet ABBA als »so langweilig wie eine Schüssel Müsli«.

Zu allem Überfluss geraten die schwedischen Stars auf ihrem Flug von New York nach Boston auch noch in ein starkes Unwetter. Der Pilot kann eine Notlandung zwar im letzten Moment abwenden, doch vor allem Agnethas Nerven liegen nach diesem Nahtoderlebnis blank, weshalb die Band das nächste Konzert in Washington, D.C. absagt. Tags darauf sind die vier ins Weiße Haus geladen, doch Agnetha verzichtet auch auf diesen prestigeträchtigen Termin.

Sie haben sich der Herausforderung gestellt und können auf eine größtenteils erfolgreiche US-Tournee mit abenteuerlichen Elementen zurückblicken. Die amerikanischen Fans empfangen ABBA überwiegend positiv und dennoch werden die vier auf eine Rückkehr nach Amerika verzichten.

Im Anschluss geht es zurück nach Europa, wo sie noch eine Reihe von Konzerten spielen. Sie gastieren in Schweden, Holland, Frankreich, Deutschland und England, bis die Tournee schließlich am 15. November in Dublin unter tosendem Applaus zu Ende geht.

TRENNUNG

Die Vorzeichen sind längst sichtbar – egal ob man nun das Plattencover des Greatest-Hits-Albums heranzieht oder den Text von »Knowing Me, Knowing You«: Die Liebesbeziehung zwischen Agnetha und Björn trudelt ihrem Ende entgegen. Offiziell geben die beiden ihre Trennung im Januar 1979 bekannt, sie gehen aber trotzdem mit ABBA auf US- und Europatournee und wollen auch die gemeinsame musikalische Arbeit nicht aufgeben. Im Juli 1980 folgt schließlich die Scheidung. Der Schock unter den Fans sitzt tief, doch zur Erleichterung ihrer Anhänger verfügen Björn und Agnetha über ein hohes Maß an Professionalität und bleiben der Band bis auf Weiteres treu.

Gut ein halbes Jahr später geben auch Frida und Benny ihre Trennung bekannt. Ist jetzt alles vorbei mit ABBA? Nein, denn privat mögen zwar die Funken erloschen sein, doch musikalisch haben Agnetha, Benny, Björn und Anni-Frid noch einiges vor.

Fest entschlossen, sich nicht so leicht geschlagen zu geben, machen die vier sich auf ins Studio, wo sie ihr achtes und für lange Zeit letztes Album aufnehmen werden. Am 30. November 1981 erscheint *The Visitors*. Wieder einmal könnte der Titel kaum treffender ausfallen. Nach knapp acht Jahren an der Spitze des internationalen Musikgeschäfts verabschieden sich die vier Schweden bis auf Weiteres von der Bildfläche. Das, was anfangs nur eine Pause sein soll, erstreckt sich letztlich über Jahrzehnte. Doch immerhin beenden sie ihre Karriere nicht ohne einen letzten Hit.

»One of Us« erreicht in Deutschland Platz eins und landet in Österreich, der Schweiz und Großbritannien immerhin noch auf Platz drei. Der letzte Song, den die vier für viele Jahre zusammen aufnehmen, trägt den Titel »The Day Before You Came« und fängt die unendliche Traurigkeit, die sich um ABBAs Ende aufbaut, so meisterhaft ein, wie es eben nur Ausnahmekönner vermögen.

Im Anschluss an die Trennung kursieren vermehrt Gerüchte über ein mögliches Comeback. Doch auch wenn es immer mal wieder zu kleineren TV-Auftritten der ABBA-Stars kommt, dauert es noch sehr lange, bis sich diese Gerüchte bewahrheiten. Auch nach dem Aus bleiben alle vier Musiker ihrer Leidenschaft treu und produzieren weiter fleißig Songs. Frida und Agnetha machen recht erfolgreich solo weiter, und Benny und Björn widmen sich fortan vermehrt der Musicalszene, wo sie schon bald abermals große Erfolge feiern.

THE WINNER TAKES IT ALL

Im Anschluss an ihre Tour durch Europa und Nordamerika fliegen ABBA im Frühjahr 1980 nach Japan, wo sie elf Konzerte spielen. Damit haben sie bis auf Afrika jeden Kontinent bereist und Fans in unzähligen Ländern mit ihrer Musik verzückt.

Die Arbeit an ihrem siebten Studioalbum, das sie nach einem Bühnenscheinwerfer des Modells *Super Trouper* benennen, hat bereits im Vorfeld der Japantour begonnen. Wie das Album des Vorjahres mit dem Titel *Voulez-Vous* erobert auch *Super Trouper* die internationalen Charts in Rekordgeschwindigkeit. Erreicht *Voulez-Vous* in Deutschland und dem Vereinigten Königreich jeweils Platinstatus und in den USA Gold, entwickelt sich *Super Trouper* zu einem noch größeren Kassenschlager und wird in Deutschland gleich mit Doppel-Platin ausgezeichnet. Es vergehen gerade einmal zwei Monate, da ist das Album weltweit bereits vier Millionen Mal über die Ladentische gegangen.

Der größte Hit des Albums ist zweifelsohne »The Winner Takes It All«. Dieser ABBA-Song zeichnet sich nicht nur durch seine tiefe Traurigkeit aus, er geht auch musikalisch wieder einmal neue Wege. Nach einem gemeinsamen Urlaub auf Barbados ziehen sich Benny und Björn auf die Insel Viggsö zurück und suchen das kleine Cottage auf, wo einst auch »Dancing Queen« entstand. Doch diesmal spuken keine funky Discosounds durch Bennys kreativen Geist. Der neue ABBA-Hit ist vielmehr durch französische Chansons à la Édith Piaf inspiriert. Anfangs steht die Nummer noch unter dem vielsagenden Titel »The Story of My Life« und wird von einer ungewöhnlich heiteren Melodie untermalt. Erst nach und nach entsteht daraus das bekannte melancholische Lied mit der absoluten Gänsehautgarantie.

So wichtig Bennys Piano für diesen Song ist, so bedeutend ist auch Björns Text. Denn wie bei einem echten französischen Chanson stehen auch in »The Winner Takes It All« vor allem die Lyrics im Vordergrund. Obwohl Björn die Worte für den Song in nur einer Stunde zu Papier bringt, gilt er als einer der besten ABBA-Texte überhaupt. Ganz untypisch für den meist lächelnden Songwriter holt sich Björn für seine Arbeit Unterstützung in Form einer Flasche Whisky. Ob der Hochprozentige an diesem Nachmittag letztlich den kreativen Ausschlag gibt, bleibt unklar.

Als Agnetha den Text zum ersten Mal liest, ergeht es ihr wie damals Frida, als sie die Rohaufnahme von »Dancing Queen« hörte. Björns Worte ergreifen sie mit einer solchen Intensität, dass sie anfängt zu weinen. Ob sie darin einen Teil ihrer eigenen gescheiterten Liebesgeschichte wiederfindet? Im Studio nehmen sie den Song anschließend mit Agnetha als Leadsängerin auf, Frida übernimmt den Gesang im Hintergrund. Das Ergebnis ist ein unendlich trauriger Trennungssong, aber auch eine der ausgereiftesten ABBA-Nummern aller Zeiten. Wie Björn später zugeben wird, ist der Text von seinen und Agnethas Erlebnissen während ihrer Ehe geprägt und zutiefst persönlich. Natürlich bleibt Agnetha diese Facette nicht verborgen. Umso beeindruckender fällt ihre Leistung als Sängerin aus und der Erfolg der bahnbrechenden Nummer soll ABBA trotz all des Herzschmerzes recht geben.

Nach seiner Veröffentlichung landet »The Winner Takes It All« in sage und schreibe 21 Ländern auf Platz eins und wird mehr als hundert Mal von verschiedenen Künstlern aus aller Welt gecovert. Nach Aussage von Agnetha und einer Vielzahl von Fans und Experten handelt es sich bei »The Winner Takes It All« um den besten ABBA-Song aller Zeiten.

EINE KLASSE FÜR SICH

Fürs Erste scheint die ABBA-Geschichte ihr Ende erreicht zu haben. Doch nur weil sich die Schweden als Band trennen, bedeutet das nicht, dass ihre Musik damit in Vergessenheit gerät. Ganz im Gegenteil. Fällt der Erfolg bereits zu ihrer aktiven Zeit gigantisch aus, so folgen auch danach noch einige Bestmarken.

So überflügelt ihr Greatest-Hits-Album mit dem Titel *ABBA Gold* zehn Jahre nach der Trennung noch einmal sämtliche bisherigen Erfolge und wird zum erfolgreichsten ABBA-Album überhaupt. Unfassbare 30 Millionen verkaufte Exemplare belegen die Zeitlosigkeit und das musikalische Genie der Band. Wieder einmal steht ein ABBA-Album an der Spitze der europäischen Hitparaden. Natürlich landet *ABBA Gold* auch Down Under und sogar in den USA auf Platz eins. Und das ohne einen einzigen neuen Song.

Zählt man alle verkauften Tonträger der schwedischen Ausnahmeband zusammen, kommt man auf die schwindelerregende Zahl von rund 400 Millionen. Damit befinden sich die vier Schweden auf Augenhöhe mit den legendären Beatles. Acht Jahre lang haben die vier Popmusik der Spitzenklasse produziert und sind damit nicht nur in aller Welt extrem erfolgreich gewesen, sie haben nebenbei auch noch so etwas wie ihr ganz eigenes Genre geprägt. Der ABBA-Sound ist so unverwechselbar und einzigartig, dass jeder Vergleich automatisch hinkt. Sie sind eine Klasse für sich und ihre Musik wird wohl für immer unsterblich bleiben.

Björn erklärt den Welterfolg ABBAs äußerst bescheiden als »pures Glück«. Doch eine ordentliche Portion Talent und vor allem die vorbildliche Arbeitsmoral der vier Musiker dürften ebenfalls eine entscheidende Rolle gespielt haben.

BROADWAY ODER HOLLYWOOD?

ABBA ist Geschichte, doch Björns und Bennys Kompositionslust ist noch lange nicht am Ende. Anfang der 1980er-Jahre kreieren sie zusammen mit dem Lyriker Tim Rice das Erfolgsmusical *Chess*. Mit Songs wie »One Night in Bangkok« und anderen mitreißenden Melodien erzählt das Musical von einer spannenden Schachpartie während des Kalten Krieges. 1984 als Konzeptalbum erschienen, wird *Chess* 1986 im Londoner West End uraufgeführt. Das Musical ist so erfolgreich, dass es nur zwei Jahre später am Broadway angelangt, wo es jedoch keine besonderen Lorbeeren ernten kann.

Dennoch erfreut sich Bennys und Björns erstes Musical nach einigen Änderungen so großer Popularität, dass es im Laufe der Jahre den weiten Weg bis nach Moskau, Tokio und sogar ins Mekka der ABBA-Fans, nach Australien findet. Dabei ist *Chess* lediglich der Anfang einer großen Musicalkarriere.

1999 lassen die beiden Songwriter ihr eigenes Musical mit dem Titel *Mamma Mia* folgen und brechen wieder einmal etliche Rekorde. Zwar wiederholt sich auch hier der Vorwurf einer allzu kommerziellen Ausrichtung wie einst zu ABBA-

Zeiten, doch die Begeisterung von mehr als 65 Millionen Musicalgästen spricht wieder einmal für Björn und Benny. Mit Neuinterpretationen ihrer Hits wie »Super Trouper«, »Dancing Queen« und natürlich »Mamma Mia« erobert das Musical die Herzen der Fans im Sturm und zeichnet sich im Gegensatz zur weitverbreiteten Schwermut vieler Musicals durch eine angenehme Leichtigkeit und eine willkommene Wohlfühlatmosphäre aus.

Wie schon mit *Chess* beginnt der Triumphzug des neuen Musicals in London, genauer gesagt im berühmten Prince Edward Theatre. Bereits zwei Jahre später führt es Benny und Björn an den Broadway. Dort erfreut sich *Mamma Mia* 14 Jahre lang großer Beliebtheit und spielt weltweit unglaubliche vier Milliarden US-Dollar ein. Zu Beginn der 2000er wird das neue musikalische Projekt der beiden Schweden für mehrere Musicalpreise nominiert, unter anderem auch für den begehrten Tony Award.

Tatsächlich können die beiden ABBA-Songwriter durch ihr Musical sogar noch neue Fans gewinnen, denen die Welthits der schwedischen Band bis dahin gar kein Begriff waren.

Die British Academy of Composers and Songwriters ehrt Björn und Benny 2002 mit dem Special International Award sowohl für das Musical *Mamma Mia* als auch für ihr musikalisches Lebenswerk. Als Dankeschön singen die beiden ABBA-Legenden dann noch eine A-capella-Version von »Fernando« und ernten dafür begeisterten Applaus.

Die Erfolgsgeschichte von *Mamma Mia* ist damit allerdings längst nicht zu Ende. 2008 kommt eine Filmversion des Musicals mit Meryl Streep, Colin Firth und weiteren Hollywood-Größen in die Kinos. Und 2018 erscheint sogar noch eine Fortsetzung ebendieses Films.

FRAUENPOWER

Auch die beiden Sängerinnen Frida und Agnetha setzen nach der gemeinsamen Zeit bei ABBA ihre Karrieren fort. Im Gegensatz zu den Männern entschließen sie sich dazu, solo weiterzumachen.

Nach der Trennung ihrer ehemaligen Band veröffentlicht Agnetha vorerst drei Soloalben. 1983 erscheint ihr erstes englischsprachiges Album. Es trägt den Titel *Wrap Your Arms Around Me* und bekommt vor allem in ihrem Heimatland große Beachtung. Aber auch international kann sich Agnethas Soloerfolg durchaus sehen lassen, denn allein *Wrap Your Arms Around Me* verkauft sich über eine Million Mal.

Mit *Eyes of a Woman* und *I Stand Alone* lässt die blonde Sängerin zwei weitere Soloalben folgen, die sich jedoch eher mittelmäßig schlagen. Dann wird es erst einmal sehr ruhig um die ABBA-Ikone. Gründe für ihren Rückzug aus der Öffentlichkeit gibt es viele. Zum einen fühlt sie sich schlicht ausgelaugt von der ereignisreichen Zeit als internationaler Superstar, zum anderen möchte sie nach all dem Jetset und Ruhm endlich Zeit mit ihrer Familie verbringen.

In den 1990er-Jahren stellen sie mehrere Schicksalsschläge vor große Herausforderungen. Zuerst begeht ihre Mutter Selbstmord, kaum ein Jahr später stirbt Agnethas Vater. Auch in Sachen Liebe hat Agnetha wenig Glück. Ende der 1990er-Jahre lernt sie zu allem Überfluss einen Mann kennen, der sich bald als Stalker entpuppt und ihr das Leben zur Hölle macht.

Erst 2004 wird sie mit ihrem Album *Colouring Book* wieder musikalisch aktiv. Neun Jahre später bringt sie ein weiteres Album mit dem schlichten Titel *A* heraus, das in Schweden, Deutschland und auch in Großbritannien Goldstatus erreicht und von Musikkritikern mit Begeisterung aufgenommen wird.

Und auch Frida bleibt nach ABBAs Ende nicht untätig. 1982 bringt die Sängerin wie ihre einstige Gesangspartnerin ebenfalls ihr Debütalbum in englischer Sprache heraus. Der Produzent des Albums ist auch nicht gerade irgendwer, sondern der berühmte Phil Collins. Zwei Jahre später kommt ihr Album *Shine* in die Plattenläden, das leider nicht ganz so erfolgreich wie sein Vorgänger ist.

Im Anschluss lässt es auch Frida etwas ruhiger angehen und nimmt sich von kleineren Projekten abgesehen eine längere Auszeit vom Musikgeschäft. Stattdessen widmet sie sich fortan dem Schutz des Planeten und tritt verschiedenen Umweltschutzorganisationen bei.

Zwei Jahre später heiratet sie dann wie bereits erwähnt Heinrich Ruzzo, Prinz Reuß von Plauen und erhält damit selbst den Titel einer echten Prinzessin. Doch auch Frida bleibt von herben Schicksalsschlägen nicht verschont: 1998 kommt zuerst ihre Tochter aus erster Ehe bei einem Autounfall auf tragische Weise ums Leben. Ein Jahr später stirbt ihr Ehemann Heinrich an einem Lymphom.

Allerdings kann auch Frida bereits 1996 wieder an frühere musikalische Erfolge anknüpfen. Ihr Album *Djupa andetag* (Tiefe Atemzüge), das sie auf Schwedisch aufnimmt, landet in ABBAs Heimatland auf Platz eins und erreicht Goldstatus. Heute lebt die Sängerin mit ihrem Ehemann Henry Smith in der Schweiz.

WIEDERVEREINIGUNG

Die Gerüchte um eine Wiedervereinigung ABBAs halten sich über Jahre äußerst hartnäckig, und das obwohl ABBA-Experten wie Carl Magnus Palm ein Comeback für ausgeschlossen halten. Natürlich wünschen sich vor allem die Fans der Band, ihre Helden wieder auf der Bühne zu sehen. Doch bis auf drei kleine Auftritte bleiben ihre Wünsche lange Zeit unerhört.

In der Gerüchteküche wird über Jahre weiter gekocht, und so hört man hier und da immer mal wieder von einem Comeback. Im Jahr 1999 bekommen die vier von einem US-Konzern angeblich das Angebot, für die Gage von einer Milliarde Dollar auf Welttournee zu gehen. Selbst wenn etwas dran sein sollte, so kommt es dennoch nicht zur Tournee. Noch nicht.

Schließlich dauert es bis Februar 2005, bevor die vier Musiklegenden zum ersten Mal wieder gemeinsam in der Öffentlichkeit erscheinen. Von einem Comeback kann zu diesem Zeitpunkt zwar kaum die Rede sein, doch die Fans lassen sich davon nicht stören und feiern Agnetha, Benny, Björn und Anni-Frid anlässlich der Stockholmer Premiere des Musicals *Mamma Mia*. Viele der Fans reisen an diesem besonderen Abend extra aus dem Ausland an, um einen Blick auf die schwedischen Stars zu erhaschen. Trotz der vielen Jahre, die seit ihrer Trennung vergangen sind, haben ABBA offensichtlich kaum an Faszination eingebüßt.

Auch wenn es im Anschluss an diesen Abend immer wieder zu öffentlichen Begegnungen der Musiker kommt, nimmt die Wiedervereinigung der Band erst zwölf Jahre später konkrete Formen an. 2017 verkündet Benny Andersson, dass ABBA für das Jahr 2019 eine Comeback-Tour planen. Allerdings nicht mit der Stammbesetzung in Fleisch und Blut, sondern digital. Oder wie Björn es ausdrückt: In Form von Abbataren.

Die Tour wird zwar aus verschiedenen Gründen immer wieder verschoben, doch die vier Musiker nutzen die Zwischenzeit und kehren gemeinsam ins Studio zurück. Wie in alten Tagen produzieren sie gleich einen ganzen Schwung neuer Lieder und veröffentlichen im November 2021 ihr neuntes Studioalbum mit dem treffenden Titel *Voyage*.

Natürlich sind die Erwartungen an das neue Werk der schwedischen Superstars enorm hoch, doch wie schon so oft liefern ABBA auch mit ihrem neuen Album ein Meisterwerk ab. Und das ohne sich nach anderen Bands zu richten, geschweige denn sich von moderneren Musikströmungen verbiegen zu lassen. Sie setzen ihre Arbeit genau da fort, wo sie 1981 aufgehört haben, und begeistern Fans und Kritiker gleichermaßen mit zehn Songs, die allesamt den wundervollen, altgewohnten ABBA-Sound verströmen. Nach eigener Aussage fühlen sich die Aufnahmen im Studio so vertraut an, dass sie das Gefühl bekommen, nur einen kurzen Urlaub gemacht zu haben. Dieser Urlaub hat in Wirklichkeit zwar ein paar Jahrzehnte gedauert, doch das tut weder der Musik noch dem Erfolg der neuen Platte Abbruch.

So setzen ABBA mit *Voyage* nach 40 Jahren Auszeit ihre musikalische Reise fort. Selbstverständlich landen sie damit wieder einmal unzählige Nummer-eins-Platzierungen in den internationalen Charts und lassen ihre Magie ein weiteres Mal auf die Musikwelt wirken.

UNSTERBLICHKEIT

Als die Nachricht der bevorstehenden ABBA-Comeback-Tour 2017 wie ein Lauffeuer durch die Presse geht, macht sich gewaltige Vorfreude unter den Fans breit. Diese wird jedoch schnell gedämpft, denn eine Tour im klassischen Sinn wird es nicht geben. Stattdessen bereiten die vier schwedischen Musiker, die inzwischen alle die 70 überschritten haben, etwas völlig Neues für ihre Fans vor. Sie werden nicht selbst auf der Bühne stehen und ihre alten und neuen Songs zum Besten geben. Nicht, dass sie dafür zu alt wären: Wie der unverkennbare ABBA-Sound des neuen Albums eindrucksvoll demonstriert, haben Agnetha, Benny, Björn und Anni-Frid in den langen Jahren fernab der großen Konzertbühnen nichts an musikalischer Durchschlagskraft eingebüßt. Die Idee einer komplett digitalen Show mit vollständig animierten Hologrammen hat jedoch so unwiderstehlich auf die vier Musiker gewirkt, dass sie sich dem Projekt kaum entziehen konnten.

ABBA-Duplikate gibt es zu diesem Zeitpunkt bereits jede Menge, sowohl in Form karikaturhafter Stoffpuppen als auch als Wachsfiguren bei Madame Tussauds in London. Doch die digitale Präsentation in Form von Abbataren stellt ein absolutes Novum dar. Ganz ohne die echten Musiker kommen diese digitalen Versionen der vier Schweden aber nicht aus.

Die Vorbereitungen für ABBAs Hologramm-Tour finden in Zusammenarbeit mit dem renommierten Studio für Spezialeffekte Industrial Light and Magic statt. Dafür müssen die vier Schweden in spezielle Anzüge schlüpfen, die von oben bis unten mit Sensoren bestückt sind. Mithilfe der sogenannten Performance-Capture-Technologie entsteht die Grundlage der späteren Konzerte. Die Bewegungen der Abbatare stammen also durchaus von ihren Originalversionen aus der handfesten Realität und werden lediglich auf ihre Hologramme übertragen. Das Gleiche gilt für die Musik, denn weder Gesang noch Instrumente sind animiert. Schließlich sollen die vier Abbatare in Begleitung einer Liveband auftreten.

Nachdem die technischen Vorbereitungen in den Spezialanzügen abgeschlossen sind, stellt sich allerdings noch eine entscheidende Frage. Sollen sie wirklich mit diesem neuen Showformat auf Tour gehen?

Angesichts des enormen technischen Aufwands und Transports der hochkomplexen Bühnentechnik entscheiden sich ABBA stattdessen dafür, in London eigens für ihre Hologramm-Show eine Konzerthalle bauen zu lassen. Diese befindet sich im Queen Elizabeth Olympic Park und strotzt nur so vor modernster Technologie.

Das Showformat ist nicht nur eine absolute Weltneuheit, es bietet mit Plätzen von Loge bis Tanzfläche auch das passende Konzerterlebnis für Zuschauer aller Altersklassen. Davon einmal abgesehen konserviert es den weltbekannten, jungen Look der inzwischen nicht mehr ganz so jungen Superstars und verleiht ihnen ganz nebenbei fast so etwas wie Unsterblichkeit. Zumindest in der digitalen Form ihrer Abbatare. Somit könnte das generationenübergreifende Musikphänomen ABBA Jung und Alt sogar über den Tod der Musiker hinaus begeistern und die verschiedenen Altersgruppen musikalisch verbinden.

Die Premiere der Hologramm-Show soll am 27. Mai 2022 stattfinden und ist – wie wäre es anders zu erwarten – bereits restlos ausverkauft. Mit diesem mutigen Schritt in Richtung Virtualität beschreiten die vier Schweden einmal mehr völlig neue Wege und bieten so auch kommenden Generationen die Möglichkeit, die unvergessliche ABBA-Magie am eigenen Leib zu erleben.

Die Erfolgsgeschichte der vier Musiker dürfte uns damit also noch lange begleiten. Bleibt abschließend eigentlich nur noch eins zu sagen: Thank you for the music, Agnetha, Benny, Björn und Anni-Frid!

QUELLEN

Die erste Gitarre

YouTube-Video: »The Joy of Abba Documentary«; https://www.youtube.com/watch?v=U8xuEppvb3U; abgerufen am: 08.02.2022.

YouTube-Video: »Discovering: ABBA«; https://www.youtube.com/watch?v=okySyM92wZ8; abgerufen am: 08.02.2022.

»My life through a lens: ABBA legend Björn Ulvaeus, 75, shares the stories behind his most-loved snaps«; *dailymail.co.uk*; https://www.dailymail.co.uk/galleries/article-8536579/ABBA-legend-Bj-rn-Ulvaeus-shares-stories-favourite-snaps.html.

»ABBA«, bei Wikipedia: https://en.wikipedia.org/wiki/ABBA#Member_origins_and_collaboration.

Akkordeon und Piano

YouTube-Video: »Discovering: ABBA«; https://www.youtube.com/watch?v=okySyM92wZ8, abgerufen am: 08.02.2022.

YouTube-Video: »The Joy of Abba Documentary«; https://www.youtube.com/watch?v=U8xuEppvb3U; abgerufen am: 08.02.2022.

Steve Pafford: »Perfect 10: Thank him for the music – Benny Andersson's greatest ABBA moments«; stevepafford.com; https://www.stevepafford.com/perfect-10-thank-him-for-the-music-benny-anderssons-greatest-abba-moments/; abgerufen am: 08.02.2022.

»25 Little Known Facts about the Swedish pop sensations«; *thisdayinmusic.com*; https://www.thisdayinmusic.com/artists/abba/; abgerufen am: 08.02.2022.

»Benny Andersson«, bei Wikipedia: https://de.wikipedia.org/wiki/Benny_Andersson; abgerufen am: 08.02.2022.

»ABBA«, bei Wikipedia: https://en.wikipedia.org/wiki/ABBA#Member_origins_and_collaboration; abgerufen am: 08.02.2022.

Eine echte Prinzessin

YouTube-Video: »Discovering: ABBA«; https://www.youtube.com/watch?v=okySyM92wZ8; abgerufen am: 09.02.2022.

»Anni-Frid Lyngstad«, bei Wikipedia: https://en.wikipedia.org/wiki/Anni-Frid_Lyngstad; abgerufen am: 09.02.2022.

»ABBA«, bei Wikipedia: https://en.wikipedia.org/wiki/ABBA#Member_origins_and_collaboration; abgerufen am: 09.02.2022.

Eine Stimme wie ein Engel

YouTube-Video: »Discovering: ABBA«; https://www.youtube.com/watch?v=okySyM92wZ8; abgerufen am: 09.02.2022.

YouTube-Video: »The Joy of Abba Documentary«; https://www.youtube.com/watch?v=U8xuEppvb3U; abgerufen am: 09.02.2022.

YouTube-Video: »ABBA – Biography Channel Documentary«; https://www.youtube.com/watch?v=8r_RlyBQWl0; abgerufen am: 10.02.2022.

»Agnetha Fältskog«, bei Wikipedia: https://de.wikipedia.org/wiki/Agnetha_Fältskog; abgerufen am: 09.02.2022.

»ABBA«, bei Wikipedia: https://en.wikipedia.org/wiki/ABBA#Member_origins_and_collaboration; abgerufen am: 09.02.2022.

The Hep Stars

YouTube-Video: »ABBA – Biography Channel Documentary«; https://www.youtube.com/watch?v=8r_RlyBQWl0; abgerufen am: 10.02.2022.

YouTube-Video: »The Joy of Abba Documentary«; https://www.youtube.com/watch?v=U8xuEppvb3U; abgerufen am: 10.02.2022.

YouTube-Video: »Abba: The Secrets Of Their Greatest Hits Documentary«; https://www.youtube.com/watch?v=dR8ZBzStOsA; abgerufen am: 10.02.2022.

»Benny Andersson«, bei Wikipedia: https://en.wikipedia.org/wiki/Benny_Andersson; am: 10.02.2022.

Hootenanny Singers

YouTube-Video: »ABBA – Biography Channel Documentary«; https://www.youtube.com/watch?v=8r_RlyBQWlo; abgerufen am: 10.02.2022.

YouTube-Video: »The Joy of Abba Documentary«; https://www.youtube.com/watch?v=U8xuEppvb3U; abgerufen am: 10.02.2022.

YouTube-Video: »Abba: The Secrets Of Their Greatest Hits Documentary«; https://www.youtube.com/watch?v=dR8ZBzStOsA; abgerufen am: 10.02.2022.

»Hootenanny Singers«, bei Wikipedia: https://en.wikipedia.org/wiki/Hootenanny_Singers; abgerufen am: 10.02.2022.

Nordische Magie

YouTube-Video: »The Joy of Abba Documentary«; https://www.youtube.com/watch?v=U8xuEppvb3U; abgerufen am: 14.02.2022.

YouTube-Video: »ABBA – Biography Channel Documentary«; https://www.youtube.com/watch?v=8r_RlyBQWlo; abgerufen am: 14.02.2022.

»25 Little Known Facts about the Swedish pop sensations«; *thisdayinmusic.com*; https://www.thisdayinmusic.com/artists/abba/; abgerufen am: 14.02.2022.

»ABBA The Concerts«; *abba-theconcerts.de*; https://www.abba-theconcerts.de/1970-71.html; abgerufen am: 14.02.2022.

»IT BEGAN 50 YEARS AGO IN SWEDEN«; *abbasite.com*; https://abbasite.com/story/; abgerufen am: 14.02.2022.

»ABBA«, bei Wikipedia: https://de.wikipedia.org/wiki/ABBA; abgerufen am: 14.02.2022.

Wahre Freundschaft

YouTube-Video: »ABBA – Biography Channel Documentary«; https://www.youtube.com/watch?v=8r_RlyBQWlo; abgerufen am: 14.02.2022.

»Björn Ulvaeus«, bei Wikipedia: https://en.wikipedia.org/wiki/Björn_Ulvaeus; abgerufen am: 14.02.2022.

Das fünfte Bandmitglied

YouTube-Video: »Abba: The Secrets Of Their Greatest Hits Documentary«; https://www.youtube.com/watch?v=dR8ZBzStOsA; abgerufen am: 14.02.2022.

YouTube-Video: »ABBA – Biography Channel Documentary«; https://www.youtube.com/watch?v=8r_RlyBQWl0; abgerufen am: 14.02.2022.

»STIG »STIKKAN« ANDERSON«; *abbasite.com*; https://abbasite.com/people/stig-stikkan-anderson/; abgerufen am: 14.02.2022.

»Stig Anderson«, bei Wikipedia: https://en.wikipedia.org/wiki/Stig_Anderson; abgerufen am: 14.02.2022.

»Lill Babs«, bei Wikipedia: https://en.wikipedia.org/wiki/Lill-Babs; abgerufen am: 14.03.2022.

Vom Hintergrund ins Rampenlicht

YouTube-Video: »The Joy of Abba Documentary«; https://www.youtube.com/watch?v=U8xuEppvb3U; abgerufen am: 15.02.2022.

YouTube-Video: »Discovering: ABBA«; https://www.youtube.com/watch?v=okySyM92wZ8; abgerufen am: 15.02.2022.

»Lycka«, bei Wikipedia: https://en.wikipedia.org/wiki/Lycka#Track_listing; abgerufen am: 15.02.2022.

»Hej, Gamle Man! by Björn Ulvaeus & Benny Andersson«; *songfacts.com*; https://www.songfacts.com/facts/bjorn-ulvaeus-benny-andersson/hej-gamle-man; abgerufen am: 15.02.2022.

People Need Love

YouTube-Video: »ABBA – Biography Channel Documentary«; https://www.youtube.com/watch?v=8r_RlyBQWl0; abgerufen am: 15.02.2022.

YouTube-Video: »The Joy of Abba Documentary«; https://www.youtube.com/watch?v=U8xuEppvb3U; abgerufen am: 15.02.2022.

YouTube-Video: »Abba: The Secrets Of Their Greatest Hits Documentary«; https://www.youtube.com/watch?v=dR8ZBzStOsA; abgerufen am: 15.02.2022.

»People Need Love«, bei Wikipedia: https://de.wikipedia.org/wiki/People_Need_Love; abgerufen am: 15.02.2022.

»ABBA«, bei Wikipedia: https://de.wikipedia.org/wiki/ABBA; abgerufen am: 15.02.2022.

Songcontest und Fischkonserven

»IT BEGAN 50 YEARS AGO IN SWEDEN«; *abbasite.com*; https://abbasite.com/story/; abgerufen am: 15.02.2022.

YouTube-Video: »ABBA – Biography Channel Documentary«; https://www.youtube.com/watch?v=8r_RlyBQWl0; abgerufen am: 15.02.2022.

»25 Little Known Facts about the Swedish pop sensations«; *thisdayinmusic.com*; https://www.thisdayinmusic.com/artists/abba/; abgerufen am: 15.02.2022.

YouTube-Video: »Abba: The Secrets Of Their Greatest Hits Documentary«; https://www.youtube.com/watch?v=dR8ZBzStOsA; abgerufen am: 15.02.2022.

YouTube-Video: »Discovering: ABBA«; https://www.youtube.com/watch?v=okySyM92wZ8; abgerufen am: 15.02.2022.

»ABBA«, bei Wikipedia: https://de.wikipedia.org/wiki/ABBA; abgerufen am: 15.02.2022.

Nachwuchs

YouTube-Video: »Abba: The Secrets Of Their Greatest Hits Documentary«; https://www.youtube.com/watch?v=dR8ZBzStOsA: abgerufen am: 16.02.2022.

»Agnetha Fältskog«, bei Wikipedia: https://de.wikipedia.org/wiki/Agnetha_Fältskog; abgerufen am: 16.02.2022.

Markus Brandstetter: »Abba: Das sind ihre Kinder und das machen sie«; *rollingstone.de*; https://www.rollingstone.de/abba-das-sind-ihre-kinder-und-das-machen-sie-2363127/; abgerufen am: 16.02.2022.

»ABBA«, bei Wikipedia: https://de.wikipedia.org/wiki/ABBA; abgerufen am: 15.02.2022.

Waterloo

YouTube-Video: »Abba – Dancing Queen Dokumentation Schweden 2013«; https://www.youtube.com/watch?v=2kuubm_pHRU; abgerufen am: 16.02.2022.

YouTube-Video: »ABBA – Biography Channel Documentary«; https://www.youtube.com/watch?v=8r_RlyBQWl0; abgerufen am: 16.02.2022.

YouTube-Video: »The Joy of Abba Documentary«; https://www.youtube.com/watch?v=U8xuEppvb3U; abgerufen am: 16.02.2022.

YouTube-Video: »Abba: The Secrets Of Their Greatest Hits Documentary«; https://www.youtube.com/watch?v=dR8ZBzStOsA; abgerufen am: 16.02.2022.

YouTube-Video: »Discovering: ABBA«; https://www.youtube.com/watch?v=okySyM92wZ8; abgerufen am: 16.02.2022.

»Eurovision Song Contest 1974«, bei Wikipedia: https://en.wikipedia.org/wiki/Eurovision_Song_Contest_1974; abgerufen am: 16.02.2022.

Weltstars oder One-Hit-Wonder?

YouTube-Video: »Abba – Dancing Queen Dokumentation Schweden 2013«; https://www.youtube.com/watch?v=2kuubm_pHRU; abgerufen am: 16.02.2022.

YouTube-Video: »Discovering: ABBA«; https://www.youtube.com/watch?v=okySyM92wZ8; abgerufen am: 16.02.2022.

Karen Corday: »THE UNTOLD TRUTH OF ABBA«; *grunge.com*; https://www.grunge.com/239483/the-untold-truth-of-abba/; abgerufen am: 16.02.2022.

»IT BEGAN 50 YEARS AGO IN SWEDEN«; *abbasite.com*; https://abbasite.com/story/; abgerufen am: 15.02.2022.

»ABBA«, bei Wikipedia: https://de.wikipedia.org/wiki/ABBA; abgerufen am: 16.02.2022.

Der Antichrist

YouTube-Video: »The Joy of Abba Documentary«; https://www.youtube.com/watch?v=U8xuEppvb3U; abgerufen am: 20.02.2022.

»ABBA«, bei Wikipedia: https://de.wikipedia.org/wiki/ABBA; abgerufen am: 20.02.2022.

SOS

YouTube-Video: »The Joy of Abba Documentary«; https://www.youtube.com/watch?v=U8xuEppvb3U; abgerufen am: 20.02.2022.

YouTube-Video: »Abba: The Secrets Of Their Greatest Hits Documentary«; https://www.youtube.com/watch?v=dR8ZBzStOsA; abgerufen am: 20.02.2022.

The Wall of Sound

YouTube-Video: »Abba: The Secrets Of Their Greatest Hits Documentary«; https://www.youtube.com/watch?v=dR8ZBzStOsA; abgerufen am: 21.02.2022.

YouTube-Video: »Abba – Dancing Queen Dokumentation Schweden 2013«; https://www.youtube.com/watch?v=2kuubm_pHRU; abgerufen am: 21.02.2022.

Elisabeth Vincentelli: »The Year Abba channeled Phil Spector and conquered the world«; *salon.com*; https://www.salon.com/2018/03/31/the-year-abba-channeled-phil-spector-and-conquered-the-world/; abgerufen am: 21.02.2022.

Mamma Mia

YouTube-Video: »Abba: The Secrets Of Their Greatest Hits Documentary«; https://www.youtube.com/watch?v=dR8ZBzStOsA; abgerufen am: 21.02.2022.

YouTube-Video: »The Joy of Abba Documentary«; https://www.youtube.com/watch?v=U8xuEppvb3U; abgerufen am: 21.02.2022.

YouTube-Video: »Discovering: ABBA«; https://www.youtube.com/watch?v=okySyM92wZ8; abgerufen am: 21.02.2022.

YouTube-Video: »Abba – Dancing Queen Dokumentation Schweden 2013«; https://www.youtube.com/watch?v=2kuubm_pHRU; abgerufen am: 21.02.2022.

»Mamma Mia«, bei Wikipedia: https://en.wikipedia.org/wiki/Mamma_Mia_(ABBA_song); abgerufen am: 21.02.2022.

Zitate über Reife: https://beruhmte-zitate.de/themen/reife/; abgerufen am: 21.02.2022.

Mastermind

YouTube-Video: »Abba: The Secrets Of Their Greatest Hits Documentary«; https://www.youtube.com/watch?v=dR8ZBzStOsA; abgerufen am: 21.02.2022.

Steve Pafford: »Perfect 10: Thank him for the music — »Benny Andersson's greatest ABBA moments«; *stevepafford.com*; https://

www.stevepafford.com/perfect-10-thank-him-for-the-music-benny-anderssons-greatest-abba-moments/; abgerufen am: 21.02.2022.

Öl statt Kronen

»25 Little Known Facts about the Swedish pop sensations«; *thisdayinmusic.com*; https://www.thisdayinmusic.com/artists/abba/; abgerufen am: 20.02.2022.

»ABBA: 10 Fakten, die kaum einer über die schwedische Band kennt«; *rollingstone.de*; https://www.rollingstone.de/abba-fakten-schweden-steuer-studio-unfall-1627073/; abgerufen am: 20.02.2022.

»ABBA«, bei Wikipedia: https://de.wikipedia.org/wiki/ABBA; abgerufen am: 20.02.2022.

Haute Couture

YouTube-Video: »Abba: The Secrets Of Their Greatest Hits Documentary«; https://www.youtube.com/watch?v=dR8ZBzStOsA; abgerufen am: 22.02.2022.

YouTube-Video: »The Joy of Abba Documentary«; https://www.youtube.com/watch?v=U8xuEppvb3U; abgerufen am: 22.02.2022.

»25 Little Known Facts about the Swedish pop sensations«; *thisdayinmusic.com*; https://www.thisdayinmusic.com/artists/abba/; abgerufen am: 20.02.2022.

Musikpioniere

YouTube-Video: »Abba: The Secrets Of Their Greatest Hits Documentary«; https://www.youtube.com/watch?v=dR8ZBzStOsA; abgerufen am: 22.02.2022.

YouTube-Video: »ABBA – Biography Channel Documentary«; https://www.youtube.com/watch?v=8r_RlyBQWlo; abgerufen am: 22.02.2022.

YouTube-Video: »Discovering: ABBA«; https://www.youtube.com/watch?v=okySyM92wZ8; abgerufen am: 22.02.2022.

Greatest Hits – die Erste

YouTube-Video: »Abba: The Secrets Of Their Greatest Hits Documentary«; https://www.youtube.com/watch?v=dR8ZBzStOsA; abgerufen am: 22.02.2022.

»Greatest Hits (ABBA Album)«, bei Wikipedia: https://en.wikipedia.org/wiki/Greatest_Hits_(ABBA_album); abgerufen am: 22.02.2022.

Neue Töne

YouTube-Video: »Abba: The Secrets Of Their Greatest Hits Documentary«; https://www.youtube.com/watch?v=dR8ZBzStOsA; abgerufen am: 22.02.2022.

Schlager oder Disco?

YouTube-Video: »Abba – Dancing Queen Dokumentation Schweden 2013«; https://www.youtube.com/watch?v=2kuubm_pHRU; abgerufen am: 23.02.2022.

YouTube-Video: »Abba: The Secrets Of Their Greatest Hits Documentary«; https://www.youtube.com/watch?v=dR8ZBzStOsA; abgerufen am: 22.02.2022.

YouTube-Video: »Discovering: ABBA«; https://www.youtube.com/watch?v=okySyM92wZ8; abgerufen am: 22.02.2022.

»Fernando (song)«, bei Wikipedia: https://en.wikipedia.org/wiki/Fernando_(song); abgerufen am: 22.02.2022.

Boogaloo

YouTube-Video: »Abba: The Secrets Of Their Greatest Hits Documentary«; https://www.youtube.com/watch?v=dR8ZBzStOsA; abgerufen am: 22.02.2022.

YouTube-Video: »Abba – Dancing Queen Dokumentation Schweden 2013«; https://www.youtube.com/watch?v=2kuubm_pHRU; abgerufen am: 23.02.2022.

YouTube-Video: »Discovering: ABBA«; https://www.youtube.com/watch?v=okySyM92wZ8; abgerufen am: 22.02.2022.

Königliche Gala

YouTube-Video: »Abba – Dancing Queen Dokumentation Schweden 2013«; https://www.youtube.com/watch?v=2kuubm_pHRU; abgerufen am: 23.02.2022.

»Dancing Queen«, bei Wikipedia: https://en.wikipedia.org/wiki/Dancing_Queen; abgerufen am: 23.02.2022.

Ankunft

YouTube-Video: »Discovering: ABBA«; https://www.youtube.com/watch?v=okySyM92wZ8; abgerufen am: 24.02.2022.

»Arrival (Album)«, bei Wikipedia: https://de.wikipedia.org/wiki/Arrival_(Album); abgerufen am: 24.02.2022.

»ABBA«, bei Wikipedia: https://de.wikipedia.org/wiki/ABBA; abgerufen am: 24.02.2022.

Money, Money, Money

YouTube-Video: »ABBA – Biography Channel Documentary«; https://www.youtube.com/watch?v=8r_RlyBQWl0; abgerufen am: 22.02.2022.

YouTube-Video: »The Joy of Abba Documentary«; https://www.youtube.com/watch?v=U8xuEppvb3U; abgerufen am: 22.02.2022.

»ABBA«, bei Wikipedia: https://de.wikipedia.org/wiki/ABBA; abgerufen am: 24.02.2022.

Welttournee

YouTube-Video: »Abba: The Secrets Of Their Greatest Hits Documentary«; https://www.youtube.com/watch?v=dR8ZBzStOsA; abgerufen am: 24.02.2022.

YouTube-Video: »Discovering: ABBA«; https://www.youtube.com/watch?v=okySyM92wZ8; abgerufen am: 24.02.2022.

»ABBA The Concerts ABBA live 1970 – 1982«; *abba-theconcerts.de*; https://www.abba-theconcerts.de/1977.html; abgerufen am: 24.02.2022.

Lampenfieber, Drogen und Agnethas Po

YouTube-Video: »The Joy of Abba Documentary«; https://www.youtube.com/watch?v=U8xuEppvb3U; abgerufen am: 26.02.2022.

YouTube-Video: »Abba – Dancing Queen Dokumentation Schweden 2013«; https://www.youtube.com/watch?v=2kuubm_pHRU; abgerufen am: 26.02.2022.

»ABBA The Concerts ABBA live 1970 – 1982«; *abba-theconcerts.de*; https://www.abba-theconcerts.de/1977.html; abgerufen am: 26.02.2022.

Ausrutscher

YouTube-Video: »Abba – Dancing Queen Dokumentation Schweden 2013«; https://www.youtube.com/watch?v=2kuubm_pHRU; abgerufen am: 26.02.2022.

»ABBA The Concerts ABBA live 1970 – 1982«; *abba-theconcerts.de*; https://www.abba-theconcerts.de/1977.html; abgerufen am: 26.02.2022.

Melbourne kocht über

YouTube-Video: »Abba – Dancing Queen Dokumentation Schweden 2013«; https://www.youtube.com/watch?v=2kuubm_pHRU; abgerufen am: 26.02.2022.

YouTube-Video: »ABBA – Biography Channel Documentary«; https://www.youtube.com/watch?v=8r_RlyBQWlo; abgerufen am: 26.02.2022.

»ABBA The Concerts ABBA live 1970 – 1982«; *abba-theconcerts.de*; https://www.abba-theconcerts.de/1977.html; abgerufen am: 26.02.2022.

Die Bettlaken der Stars

YouTube-Video: »Abba – Dancing Queen Dokumentation Schweden 2013«; https://www.youtube.com/watch?v=2kuubm_pHRU; abgerufen am: 26.02.2022.

Fremde Federn

YouTube-Video: »Abba – Dancing Queen Dokumentation Schweden 2013«; https://www.youtube.com/watch?v=2kuubm_pHRU; abgerufen am: 26.02.2022.

Abbamania

YouTube-Video: »Abba – Dancing Queen Dokumentation Schweden 2013«; https://www.youtube.com/watch?v=2kuubm_pHRU; abgerufen am: 27.02.2022.

YouTube-Video: »ABBA – Biography Channel Documentary«; https://www.youtube.com/watch?v=8r_RlyBQWlo; abgerufen am: 27.02.2022.

ABBA – The Movie

YouTube-Video: »Abba – The Movie 1977 (French version)«; https://www.youtube.com/watch?v=fmm3n6N1eIU; abgerufen am: 27.02.2022.

YouTube-Video: »Abba – Dancing Queen Dokumentation Schweden 2013«; https://www.youtube.com/watch?v=2kuubm_pHRU; abgerufen am: 27.02.2022.

Reifeprozess

YouTube-Video: »The Joy of Abba Documentary«; https://www.youtube.com/watch?v=U8xuEppvb3U; abgerufen am: 27.02.2022.

»ABBA«, bei Wikipedia: https://de.wikipedia.org/wiki/ABBA; abgerufen am: 27.02.2022.

Oliver's Army

YouTube-Video: »The Joy of Abba Documentary«; https://www.youtube.com/watch?v=U8xuEppvb3U; abgerufen am: 28.02.2022.

»Oliver's Army by Elvis Costello«; *songfacts.com*; https://www.songfacts.com/facts/elvis-costello/olivers-army; abgerufen am: 28.02.2022.

Jack Whatley: »The classic Sex Pistols song inspired by ABBA's pop smash«; *faroutmagazine.co.uk*; https://faroutmagazine.co.uk/sex-pistols-song-inspired-by-abba-pretty-vacant/; abgerufen am: 28.02.2022.

»25 Little Known Facts about the Swedish pop sensations«; *thisdayinmusic.com*; https://www.thisdayinmusic.com/artists/abba/; abgerufen am: 28.02.2022.

Unbegrenzte Möglichkeiten

YouTube-Video: »Abba: The Secrets Of Their Greatest Hits Documentary«; https://www.youtube.com/watch?v=dR8ZBzStOsA; abgerufen am: 28.02.2022.

YouTube-Video: »Abba – Dancing Queen Dokumentation Schweden 2013«; https://www.youtube.com/watch?v=2kuubm_pHRU; abgerufen am: 28.02.2022.

YouTube-Video: »ABBA – Biography Channel Documentary«; https://www.youtube.com/watch?v=8r_RlyBQWlo; abgerufen am: 28.02.2022.

»ABBA The Concerts ABBA live 1970 – 1982«; *abba-theconcerts.de*; https://www.abba-theconcerts.de/1979.html; abgerufen am: 28.02.2022.

»ABBA«, bei Wikipedia: https://de.wikipedia.org/wiki/ABBA; abgerufen am: 28.02.2022.

Trennung

YouTube-Video: »Abba: The Secrets Of Their Greatest Hits Documentary«; https://www.youtube.com/watch?v=dR8ZBzStOsA; abgerufen am: 28.02.2022.

YouTube-Video: »The Joy of Abba Documentary«; https://www.youtube.com/watch?v=U8xuEppvb3U; abgerufen am: 28.02.2022.

»ABBA«, bei Wikipedia: https://de.wikipedia.org/wiki/ABBA; abgerufen am: 28.02.2022.

»The Visitors«, bei Wikipedia: https://de.wikipedia.org/wiki/The_Visitors; abgerufen am: 28.02.2022.

»Björn Ulvaeus«, bei Wikipedia: https://en.wikipedia.org/wiki/Björn_Ulvaeus#Early_life; abgerufen am: 28.02.2022.

The Winner Takes It All

YouTube-Video: »ABBA – Biography Channel Documentary«; https://www.youtube.com/watch?v=8r_RlyBQWlo; abgerufen am: 01.03.2022.

YouTube-Video: »Abba: The Secrets Of Their Greatest Hits Documentary«; https://www.youtube.com/watch?v=dR8ZBzStOsA; abgerufen am: 01.03.2022.

»ABBA The Concerts ABBA live 1970 – 1982«; *abba-theconcerts.de*; https://www.abba-theconcerts.de/1980.html; abgerufen am: 01.03.2022.

»Super Trouper (Album)«, bei Wikipedia: https://de.wikipedia.org/wiki/Super_Trouper_(Album); abgerufen am: 01.03.2022.

»The Winner Takes It All«, bei Wikipedia: https://de.wikipedia.org/wiki/The_Winner_Takes_It_All; abgerufen am: 01.03.2022.

»Voulez-Vous (Album)«, bei Wikipedia: https://de.wikipedia.org/wiki/Voulez-Vous_(Album); abgerufen am: 01.03.2022.

Eine Klasse für sich

YouTube-Video: »The Joy of Abba Documentary«; https://www.youtube.com/watch?v=U8xuEppvb3U; abgerufen am: 01.03.2022.

YouTube-Video: »ABBA – Biography Channel Documentary«; https://www.youtube.com/watch?v=8r_RlyBQWl0; abgerufen am: 01.03.2022.

YouTube-Video: »Abba: The Secrets Of Their Greatest Hits Documentary«; https://www.youtube.com/watch?v=dR8ZBzStOsA; abgerufen am: 01.03.2022.

YouTube-Video: »Discovering: ABBA«; https://www.youtube.com/watch?v=okySyM92wZ8; abgerufen am: 01.03.2022.

»ABBA Gold«, bei Wikipedia: https://en.wikipedia.org/wiki/ABBA_Gold; abgerufen am: 01.03.2022.

Broadway oder Hollywood?

YouTube-Video: »ABBA – Biography Channel Documentary«; https://www.youtube.com/watch?v=8r_RlyBQWl0; abgerufen am: 01.03.2022.

»Björn Ulvaeus«; *icethesite.com*; https://www.icethesite.com/home/bjorn-ulvaeus/; abgerufen am: 01.03.2022.

Marina Manoukian: »WHAT HAPPENED TO THE MEMBERS OF ABBA?«; *grunge.com*; https://www.grunge.com/436121/what-happened-to-the-members-of-abba/; abgerufen am: 01.03.2022.

»Mamma Mia! (musical)«, bei Wikipedia: https://en.wikipedia.org/wiki/Mamma_Mia!_(musical); abgerufen am: 01.03.2022.

»Chess (musical)«, bei Wikipedia: https://en.wikipedia.org/wiki/Chess_(musical)#References; abgerufen am: 01.03.2022.

Frauenpower

YouTube-Video: »Discovering: ABBA«; https://www.youtube.com/watch?v=okySyM92wZ8; abgerufen am: 02.03.2022.

Marina Manoukian: »WHAT HAPPENED TO THE MEMBERS OF ABBA?«; *grunge.com*; https://www.grunge.com/436121/what-happened-to-the-members-of-abba/; abgerufen am: 02.03.2022.

»Agnetha Fältskog«, bei Wikipedia: https://de.wikipedia.org/wiki/Agnetha_Fältskog; abgerufen am: 02.03.2022.

»Anni-Frid Lyngstad«, bei Wikipedia: https://en.wikipedia.org/wiki/Anni-Frid_Lyngstad; abgerufen am: 02.03.2022.

Wiedervereinigung

YouTube-Video: »ABBA – Biography Channel Documentary«; https://www.youtube.com/watch?v=8r_RlyBQWlo; abgerufen am: 01.03.2022.

»ABBA: 5 anecdotes étonnantes sur le groupe«; *rfm.fr*; http://www.rfm.fr/news/ABBA-5-anecdotes-etonnantes-sur-le-groupe-25190; abgerufen am: 17.01.2022.

Angie Martoccio: »ABBA Reunite for First Time in 40 Years, Announce New Album and Digital Concert«; *rollingstone.com*; https://www.rollingstone.com/music/music-news/abba-reunion-voyage-album-digital-concert-1219815/; abgerufen am: 02.03.2022.

Joe Goggons: »ABBA's comeback album ›Voyage‹ has gone platinum just weeks after release«; *rollingstone.co.uk*; https://www.rollingstone.co.uk/music/news/abbas-comeback-album-voyage-has-gone-platinum-just-weeks-after-release-7980/; abgerufen am: 02.03.2022.

Marina Manoukian: »WHAT HAPPENED TO THE MEMBERS OF ABBA?«; *grunge.com*; https://www.grunge.com/436121/what-happened-to-the-members-of-abba/; abgerufen am: 02.03.2022.

Unsterblichkeit

Benjamin Eckert: »Abba warum bloß als Hologramm?«; *spiegel.de*; https://www.spiegel.de/panorama/leute/comeback-abba-warum-bloss-als-hologramm-a-b1a5e66a-9719-4045-9d58-4c1314a2b2cf; abgerufen am: 03.03.2022.

YouTube-Video: »The return of ABBA«; https://www.youtube.com/watch?v=ygkcwUoSWNk; abgerufen am: 03.03.2022.